CEUTA EN EL ESPACIO INTERNACIONAL EN UN MUNDO CAMBIANTE Y GLOBALIZADO

Almudena de Torre Casadevante

INSTITUTO DE ESTUDIOS CEUTÍES
CEUTA 2024

El contenido de esta publicación procede de la Beca concedida por el Instituto de Estudios Ceutíes, perteneciente a la Convocatoria de Investigación de 2022.

Colección *Trabajos de Investigación*
Ciencias Sociales

© EDITA: INSTITUTO DE ESTUDIOS CEUTÍES
Apartado de correos 593 • 51080 Ceuta
Tel.: + 34 - 956 51 0017
E-mail: iec@ieceuties.org
www.ieceuties.org

Comité editorial:
Carlos Pérez Marín • José Luis Ruiz García
Adolfo Hernández Lafuente • María José Fernández Maqueira
Guadalupe Romero Sánchez • María Jesús Fuentes García

Jefa de publicaciones:
María Teresa Cuesta Chaparro

Diseño y maquetación:
Enrique Gómez Barceló

Realización e impresión:
Papel de Aguas, S. L. - Ceuta

ISBN: 978-84-18642-59-3
Depósito Legal: CE 26 - 2024

ÍNDICE

Agradecimientos:

A mi madre, que sin ser de Ceuta siempre me inculcó el amor por esta tierra y por muchas otras cosas.

A mi familia, en especial a mis hermanos, y a mis amigas, por siempre confiar en mí y ser mi fuente de inspiración.

A Luis, por ser siempre la mano que me sujeta cuando más lo necesito.

CEUTA EN EL ESPACIO INTERNACIONAL EN UN MUNDO CAMBIANTE Y GLOBALIZADO

1. INTRODUCCIÓN

Ceuta cuenta con numerosas características específicas y singulares que la hacen tener una posición especial en el ámbito internacional. Se trata de una Ciudad Autónoma situada al norte de África, perteneciente a España, y por ello a una de las más importantes organizaciones internacionales, como es la Unión Europea. Desde el punto de vista geopolítico, comparte características con otras ciudades europeas que se extienden a lo largo del mar Mediterráneo y frente al continente africano, como son las islas de Lampedusa en Italia o de Lesbos en Grecia, con todo lo que ello conlleva. Sin embargo, Ceuta junto con Melilla, son las únicas ciudades que conforman la frontera terrestre del sur de Europa. Estas particularidades se encuentran concentradas en una pequeña ciudad de tan solo 18 kilómetros cuadrados. Además, Ceuta es una Ciudad Autónoma, siendo un híbrido jurídico entre una Comunidad Autónoma y un municipio, al tener competencias superiores a las atribuidas a un municipio, pero inferiores a las de una Comunidad Autónoma.

Todas estas características hacen que Ceuta pueda convertirse en un gran actor internacional en un mundo cambiante y globalizado. Para lograr este objetivo, y no continuar como un simple escenario en el que se reflejan las relaciones diplomáticas, cambiantes e inestables entre España y Marruecos, la ciudad de Ceuta debe ser plena conocedora de su situación, de sus atributos y también de sus defectos. De este modo, se logrará una autonomía en su acción y, por lo tanto, una mejora en el devenir de la ciudad.

Al mismo tiempo, esta autonomía permitiría que la ciudad no viera condicionada su actuación por su vecino más cercano, Marruecos; sino que adquiriría un papel propio, que también influiría en la opinión pública sobre Ceuta, tanto nacional como global. Esto permitiría que la sociedad conociera las características únicas de esta ciudad, las cuales la definen, como son la multiculturalidad, así como el fuerte sentimiento de pertenencia a una comunidad con rasgos peculiares, característico entre los ceutíes.

Además, para entender el fin de este proyecto, me gustaría citar a Jose María Campos, que, en su artículo "La estrategia sin respuesta", incluido en su libro *Ceuta, Ciudad sin Rumbo,* hace alusión a una idea que refleja claramente el problema que ha tenido Ceuta a lo largo de los años que es "pasar de un monocultivo a otro". Campos utiliza este concepto para hacer referencia a la evolución de la dependencia económica de Ceuta, primero, dependiente del comercio con la península, a través de los llamados "paraguayos" y "matuteros", que venían impulsados por los bajos precios; para pasar a la dependencia económica del comercio transfronterizo. Es decir, siempre hemos sido dependientes de algún monocultivo económico, como bien indica José María Campos. Si bien, este proyecto no tiene como objetivo indagar en el aspecto económico de la ciudad– aunque sí incluye ciertas anotaciones y reflexiones– considero que esta idea, refleja con total acierto la realidad de nuestra ciudad en todos sus ámbitos y, por lo tanto, el punto de partida que debemos dejar atrás.

Este trabajo también tratará de establecer diferentes métodos para lograr llegar a la sociedad y conseguir así su participación en el desarrollo de la misma, como es el uso de Redes Sociales. Para ello, como parte de este trabajo, he creado una cuenta Instagram: @internationalceuta.

También, he realizado una encuesta, cuyos resultados iré incluyendo a lo largo del trabajo y que puede consultarse en el Anexo. En ella planteo una serie de cuestiones sobre materias internacionales relacionadas con Ceuta para comprobar el nivel de conocimiento sobre la ciudad en una muestra de 128 personas aleatorias.

Por lo tanto, el principal objetivo de este trabajo, más allá de hacer un mero análisis de la situación de Ceuta en el ámbito internacional, es establecer las bases para conseguir fomentar el estudio de las Relaciones Internacionales, de forma integral y centrada únicamente en la propia ciudad y desarrollada por la propia ciudad, consiguiendo otorgarle una voz propia a Ceuta, primero en el ámbito nacional, para poder dar el paso a una mayor importancia en el mundo internacional.

Para lograrlo, primero haré una explicación sobre la disciplina de las Relaciones Internacionales para aportar ciertas aclaraciones que permitan comprender mejor el "tablero" en el que se mueve la ciudad, teniendo en cuenta que está sujeta a unas "normas del juego" establecidas por España, pero, sobre todo, por la Unión Europea; y que pueden ser diferentes a las "normas de juego" de otros de actores internacionales. Además, nos centraremos en la posible participación de la sociedad civil en este ámbito, tomando como base a otras ciudades u organizaciones que pueden servir como ejemplo para la ciudad.

En segundo lugar, analizaremos la posición de Ceuta dentro de la Organización del Tratado del Atlántico (OTAN). El motivo para analizar esta organización internacional centrada en la defensa de los estados que la conforman, se basa en que la actual realidad internacional, caracterizada por una inestabilidad latente, ha planteado, en varias ocasiones, la duda sobre la posible protección de Ceuta dentro del paraguas de la OTAN en caso de un ataque armado contra su territorio.

En tercer lugar, será objeto de estudio la situación de Ceuta en la Unión Europea. Nos centraremos en las instituciones que conforman la Unión Europea, en especial, el Comité de las Regiones, órgano del que todavía la ciudad de Ceuta no es miembro. Además, en este apartado, analizaremos la posible apertura de una Delegación Permanente de Ceuta ante la Unión Europea, con sede en Bruselas, oficina con la que Ceuta aún no cuenta, a diferencia de la Ciudad Autónoma de Melilla.

En cuarto lugar, analizaremos las relaciones existentes entre España y Marruecos, y su influencia en la Ciudad de Ceuta. He querido dejar para el último apartado esta cuestión de forma intencionada, para reivindicar que el estudio internacional de Ceuta debe ir más allá de una mera consecuencia del estudio de las relaciones internacionales existentes entre España y Marruecos.

Para finalizar, incluiré las conclusiones obtenidas tras este trabajo.

1.1. Objetivos

El presente trabajo tiene un objetivo principal y varios objetivos secundarios.

El principal objetivo es establecer las bases para el desarrollo del estudio y el análisis de Ceuta en el ámbito de las relaciones internacionales, de modo que estas investigaciones sean realizadas y fomentadas desde la propia ciudad, tanto en el ámbito gubernamental como el académico, para poder así influir en las decisiones internacionales y defender los intereses y necesidades reales de la ciudad.

A la vez este objetivo principal cuenta con tres objetivos secundarios.

El primero objetivo es conocer la posición de Ceuta en el ámbito internacional actual, para utilizarlo como punto de partida para el futuro análisis de la ciudad. En este caso, analizaremos las organizaciones internacionales a las que Ceuta pertenece, al ser parte integrante de España, así como las posibilidades para mejorar y ampliar su presencia en las mismas.

El segundo objetivo es analizar el conocimiento actual de Ceuta por parte de la sociedad civil en esta área; así como defender la participación y la importancia de la sociedad en el estudio, evolución y el desarrollo de las Relaciones Internacionales.

El tercer objetivo, es tratar de superar el estudio de Ceuta en el ámbito de la política internacional como un simple escenario en el que se producen encuentros diplomáticos entre España y Marruecos, para otorgarle protagonismo a las características peculiares de la ciudad, y convertirla así en un actor relevante tanto en el ámbito nacional como internacional.

1.2. Metodología

La metodología de este trabajo ha consistido en la realización de una revisión y un análisis de distintas fuentes. En primer lugar, realicé una lectura de varios libros del autor ceutí José María Campos, que me facilitaron desde el Instituto de Estudios Ceutíes. Esta lectura me permitió hacer una revisión de la realidad de Ceuta para poder elaborar el índice y saber los temas que quería tratar.

En segundo lugar, hice una búsqueda, lectura y análisis de distintos textos y ensayos elaborados por académicos de las Relaciones Internacionales, en especial, del catedrático de la Universidad de Cádiz, Alejandro del Valle, cuyos estudios están muy centrados en la zona del Estrecho, Ceuta y Melilla. Para acceder a la información, he usado tanto la plataforma de Google Scholar como la propia biblioteca electrónica de la Universidad Autónoma.

También he accedido a distintas páginas web, como de las instituciones y organismos de la Unión Europea, la Organización del Tratado del Atlántico Norte, o las del Ministerio de Asuntos Exteriores, Unión Europea y Cooperación, o el Ministerio de Defensa de España.

Por último, me ha sido muy útil la información incluida en los periódicos, especialmente en su formato online y muchos de ellos ceutíes, como el Faro de Ceuta o Ceuta Actualidad, para conseguir información y ejemplos actuales de la realidad ceutí.

Además, he realizado una encuesta para poder comprobar el nivel de conocimiento que tienen los ciudadanos, sean o no de Ceuta. Para ello, he utilizado la plataforma de Google Forms y he planteado una serie de preguntas relacionadas con los temas de este trabajo. El trabajo lo he difundido a través de Redes Sociales, y ha sido contestada por personas entre 22 y 30 años de distintos ámbitos, a la cual han contestado 128 personas. Los resultados de la encuesta los compartiré a lo largo del segundo capítulo e incluiré la totalidad de la misma en el Anexo I.

2. INTRODUCCIÓN A LAS RELACIONES INTERNACIONALES: EL CASO CONCRETO DE CEUTA

En primer lugar, para comprender mejor este capítulo, me parece importante establecer la diferencia entre Relaciones Internacionales en mayúscula y relaciones internacionales en minúscula. Como ocurre con otras disciplinas, el concepto de Relaciones Internacionales se utiliza para hacer referencia a la disciplina o el área de estudio; por otro lado, el concepto de relaciones internacionales, se refiere al propio proceso, a las propias relaciones entre los sujetos que forman parte de esta disciplina, principalmente, los estados.

Las Relaciones Internacionales, según Francisco Javier Peñas Esteban, se podrían entender a partir de dos definiciones. Por un lado, la primera definición corresponde con la teoría realista clásica, de la que hablaremos posteriormente, y se centra principalmente en las relaciones existentes entre distintos estados, basadas en relaciones políticas y de poder. Por otro lado, la segunda definición "acepta como parte de esta realidad, todas aquellas relaciones que se realizan a través de las fronteras y que tienen efectos públicos" (Peñas Esteban, 2005:6). Además, Peñas continúa esta definición afirmando que debemos diferenciar las relaciones ejercidas por el estado y las ejercidas por la sociedad, teniendo en cuenta que "en el ámbito internacional actúan los ciudadanos, las organizaciones transnacionales o los grupos de presión" (Peñas Esteban, 2005:6). Por último, aclara que esta definición no rechaza la importancia de las relaciones entre los estados, sino que señala la existencia de otras realidades que también deben ser tenidas en cuenta.

Es decir, si nos centramos en el caso concreto de la ciudad de Ceuta, podemos afirmar sin ningún tipo de duda, que las relaciones internacionales que tienen lugar en este territorio y, sobre todo, en nuestra frontera, no pueden limitarse simplemente a la primera definición, es decir, a la mera

17

interacción entre dos estados; en este caso, España y Marruecos. Por el contrario, estas relaciones se enmarcan más bien dentro de la segunda definición, puesto que en el caso de Ceuta, las relaciones internacionales tienen lugar, diariamente y a través de numerosas interacciones en la sociedad, ya no solo en el propio espacio físico de la frontera, sino en propio territorio ceutí o en territorio de Marruecos, tanto desde un punto de vista económico, como cultural e incluso social. Por lo tanto, este tipo de interacciones, que para la sociedad ceutí son habituales, también forman parte de lo que conocemos como Relaciones Internacionales, por lo que merecen una especial atención y, además, pueden influir en la propia política internacional estatal.

2.1. ¿Qué son las Relaciones Internacionales? Entre el Realismo y el Liberalismo

Para profundizar en el mundo de las Relaciones Internacionales, tenemos que tener en cuenta que estas constituyen una disciplina relativamente reciente. Tuvo su auge a partir del siglo XX, especialmente en el período de entreguerras (1918-1939), y en la actualidad, su estudio se mantiene a la orden del día, por motivos obvios, como son la globalización, las migraciones, el conflicto bélico entre Rusia y Ucrania o entre Israel y Palestina, o el intervencionismo de Occidente en las regiones del sur global.

El origen principal de esta disciplina parte del año 1918, momento en el que Woodrow Wilson, por entonces presidente de los Estados Unidos, elabora los Catorce Puntos[1]. Este documento establecía las bases del liberalismo en las Relaciones Internacionales, defendiendo la creación de un orden internacional pacifista, a la vez que los estados trataban de evitar la guerra. El liberalismo defiende el desarrollo de mecanismos de negociación pacífica, basados principalmente en la diplomacia, en la firma de acuerdos y tratados internacionales, y la creación de organizaciones internacionales y otras formas de colaboración entre los estados. Este liberalismo también recibe el nombre de idealismo por estas ideas esperanzadoras sobre el orden internacional.

---

1. Los Catorce Puntos de Woodrow Wilson. https://www.dipublico.org/3669/catorce-puntos-del-presidente-wilson-1918/#:~:text=Para%20esto%20redact%C3%B3%20un%20discurso,UU.

Anteriormente, los estados se habían relacionado entre sí, pero desde el enfoque del realismo, siendo este otro de los movimientos principales de las Relaciones Internacionales. El realismo defiende que las relaciones entre los estados se basan en la defensa de sus propios intereses, su población y su territorio, dando lugar a escenarios de guerra y conflictos. Además, las relaciones económicas o comerciales se limitan al máximo beneficio de cada estado de forma individual. El defensor principal del realismo dentro de las Relaciones Internacionales es Hans Morgenthau, con importantes obras como *Power Politics, Politics among Nations* y *In defense of National Interest.*

En su libro *Politics Among Nations,* Morgenthau explica los principios de la política realista, que son los siguientes: primero, el realismo político cree que la política en general está dirigida a través de leyes objetivas que tienen su origen en la naturaleza humana; en segundo lugar, el realismo dentro de las Relaciones Internacionales se define en términos de poder y el actor principal es el Estado; en tercer lugar, el realismo defiende que el interés definido como poder es una categoría objetiva y universal; en cuarto y quinto lugar, el realismo considera que la prudencia es la máxima virtud en la política y rechaza que las aspiraciones morales de una nación definan las leyes morales de todo el Universo (Morgenthau, 1948).

Pocos años después de la elaboración de los Catorce Puntos de Wilson, y de la esperanza de instaurar un orden mundial pacífico, tienen lugar diferentes acontecimientos históricos que acaban rápidamente con estas aspiraciones, comenzando por el auge del fascismo en Europa, el Crack financiero del 29, el abandono de Alemania y Japón en la Sociedad de las Naciones en 1933, y, finalmente, la Segunda Guerra Mundial. En este momento, se considera que el liberalismo propuesto por Wilson ha fracasado, y comienza en ese momento el Primer Debate de las Relaciones Internacionales, es decir, el debate entre el liberalismo y el realismo.

Para poder comprender mejor esta diferencia, y siguiendo con el hilo de este trabajo, me gustaría poner un ejemplo claro entre dos actores que representan cada uno de estos enfoques. Por un lado, tenemos a España y, por otro lado, tenemos a Marruecos. Desde mi punto de vista, el principal problema que existe entre estos países, que además influye en la ciudad de Ceuta puesto que son numerosas las ocasiones en las que se convierte en el "tablero de juego" de estos dos contrincantes, es que se mueven en distintos enfoques de las Relaciones Internacionales, y, por lo tanto, en distintas reglas.

España, como parte de la Unión Europea, defiende unos valores más bien liberales. De por sí, la Unión Europea ya se basa en uno de los principios del liberalismo, puesto que se logra la cooperación entre estados a través de una organización internacional, incluso con la cesión de su propia soberanía. Otros ejemplos de organizaciones internacionales de las que forma parte España, son la Organización Nacional de las Naciones Unidas (ONU) o la Organización del Tratado del Atlántico Norte (OTAN), de la que hablaremos posteriormente. Además, la Unión Europea en el Tratado de la Unión Europea, propugna como valores superiores la paz y el bienestar de sus pueblos, y en las relaciones exteriores busca contribuir a la paz, la seguridad, el desarrollo del planeta y la solidaridad, respetando el Derecho Internacional, y sobre todo el Derecho de las Naciones Unidas[2].

Por lo tanto, España, en sus relaciones con el resto de estados no se centra solamente en buscar su poder y defender sus intereses, sino que defiende la cooperación, la paz o el respeto a los derechos humanos, al igual que los demás estados que conforman la Unión Europea. Todas estas premisas influyen de forma directa en la capacidad de acción y en el comportamiento de la Ciudad Autónoma de Ceuta.

Además, es importante tener en cuenta que en este caso este liberalismo/idealismo en las relaciones internacionales, no podrá verse directamente afectado o modificado por el partido político que gobierne en España, por el contrario, el liberalismo es un tipo de corriente que a lo largo del siglo XX ha quedado prácticamente afianzado en las democracias occidentales, sin grandes diferencias dependiendo de los gobiernos, argumento que defiende Francis Fukuyama en su obra "El fin de la historia y el último hombre". En este famoso ensayo, el autor defiende que, en el mundo, tras la caída del Muro de Berlín, reinará una democracia liberal y las relaciones predominantes serán de cooperación, sobre todo en términos económicos. Actualmente, esta afirmación puede generar algunas dudas, teniendo en cuenta que estamos ante una situación de guerra tanto entre Rusia y Ucrania, como Palestina e Israel; sin embargo, Fukuyama también afirma que el fin de la historia será conseguido en distintos momentos, puesto que hay una gran parte del mundo que continúa fisurado por conflictos religiosos, nacionales e ideológicos, por lo que, en ciertos lugares del mundo, seguirán aplicándose las viejas reglas de poder.

---

2. Versión Consolidada del Tratado de la Unión Europea (TUE). https://www.boe.es/doue/2010/083/Z00013-00046.pdf

En el caso de Marruecos, la política internacional sigue manteniendo un enfoque realista. Para poder comprender esta afirmación, me gustaría mencionar a otro de los padres del realismo, Maquiavelo, que en su obra *El Príncipe* explica cómo debe ser un príncipe poderoso. Mencionaré algunas citas de este libro "Un príncipe, para no tener que robar a sus súbditos, para poder defenderse, no debería preocuparse de incurrir en la fama de mísero, porque es uno de los vicios que le hacen reinar" o "Hay dos formas de combatir: con las leyes y con la fuerza. La primera es propia del hombre, la segunda de los animales; pero puesto que muchas veces la primera no es suficiente, conviene recurrir a la segunda" (Machiavelo,1513). Estas dos afirmaciones no se diferencian de la política seguida por el monarca de Marruecos en los últimos años. Hemos podido ver recientemente en las imágenes publicadas durante el terremoto que tuvo lugar en Marruecos el pasado septiembre, la pobreza y el abandono que existe en las zonas rurales de este país, así como la falta de trabajo, salubridad, escolarización y esperanza en gran parte del país.

Pero ya no es solo este caso, sino que centrándonos en las relaciones con el resto de estados, también tenemos algún ejemplo que refleja la política realista seguida por Marruecos. En relación con la participación en organizaciones internacionales, Marruecos no ha sido un gran partícipe de este tipo de unión, ya que, por ejemplo, a pesar de haber sido uno de los fundadores de la Organización para la Unión Africana[3], actual Unión Africana (UA), decidió abandonar esta organización en el año 1984 por la admisión de la República Árabe Saharaui Democrática en el seno de la misma. Si bien, solicitó su reingreso en la Unión Africana en el año 2017. Aun así, considero que este tipo de comportamiento denota la defensa de un interés único y propio del Reino de Marruecos, sin preocuparse por el conjunto de la organización internacional, en este caso la Unión Africana, y decidir abandonarlo en el momento en el que sus pretensiones no fueron reconocidas, tardando algo más de 30 años en solicitar el reingreso a la misma. Este tipo de comportamiento nos permite clasificar a Marruecos en un estado que sigue un enfoque realista.

Además, es un estado que continúa con deseos expansionistas, puesto que mantiene muy presente en su política exterior la idea del Gran Marruecos. Esta idea, fue creada por Allal El Fasi, fundador del Partido

---

3. La Unión Africana es una organización internacional conformada, actualmente, por 55 estados del continente Africano y constituida en el año 2001. Su predecesor fue la Organización para la Unidad Africana, que fue creada en 1964.

Isqiqlal o Partido de la Independencia de Marruecos en la década de los 40 del siglo pasado, momento en el que Marruecos todavía no era un estado independiente, puesto que no será hasta el año 1956 cuando Marruecos obtenga su independencia de Francia y de España. El mapa del Gran Marruecos, como podemos ver en la imagen inferior, incluye el Marruecos actual, así como el Sáhara Occidental, Mauritania, el sur occidental de Argelia, el norte de Mali, Ceuta y Melilla y las plazas de soberanía española en el norte de África, es decir, las islas Chafarinas, la isla de Alborán, el peñón de Vélez, las islas Alhucemas y el Perejil. Esta idea no está anticuada, por el contrario, en los últimos meses hemos podido ver a varios políticos de la cúspide marroquí haciendo referencia al mapa que el Gran Marruecos defiende.

Fuente: El Orden Mundial https://elordenmundial.com/mapas-y-graficos/mapa-gran-marruecos/

En resumen, para poder analizar correctamente las relaciones España- Marruecos, tenemos que partir de la base, y tener muy clara la idea, de que nos encontramos ante dos actores completamente diferentes, por lo que no podemos esperar que Marruecos respete ciertas reglas del juego internacional que para España forman parte intrínseca de nuestras relaciones con el resto de Estados y nuestra política internacional, como es la búsqueda de la paz o el respeto de los derechos humanos. Ahora bien, Marruecos aprovecha esta posición realista que tiene conformada, para obtener beneficios de esta situación y buscar el cumplimiento de sus propios intereses y el aumento del poder. El hecho de que se trate de actores diferentes no quiere decir que España simplemente deba ceder en este "conflicto" sino que debe encontrar otras formas de frenar a Marruecos, respetando siempre nuestros ideales, pero adaptándonos al enemigo.

En el quinto capítulo de este trabajo, continuaré desarrollando las relaciones existentes entre España y Marruecos en el ámbito de la política internacional, si bien, me parecía interesante hacer previamente esta mención para adentrarnos en el mundo de las Relaciones Internacionales y para conocer el escenario en el que nos movemos.

2.2. Competencias de Ceuta en la firma de Tratados Internacionales y la importancia de los municipios en las relaciones internacionales

Para poder influir de forma adecuada en el mundo de las Relaciones Internacionales es importante conocer las competencias de la Ciudad Autónoma de Ceuta

De acuerdo con la Constitución Española del año 1978, según su artículo 149.1. 3º, el Estado tiene competencia exclusiva en el ámbito de las Relaciones Internacionales. Además, en la Constitución, los Tratados Internacionales se regulan en los artículos 94, 95 y 96, incluyendo las competencias del Congreso y del Senado, pero sin mencionar a las Comunidades o Ciudades Autónomas.

Por otro lado, la Ley 25/2014 de 27 de noviembre sobre Acuerdos y Tratados Internacionales, en su título V, regula la participación de las Comunidades Autónomas, de las Ciudades de Ceuta y Melilla y Entidades Locales. En esta ley, se establece que las Comunidades Autónomas pueden solicitar la apertura de negociaciones para la celebración de tratados internacionales que tengan por objeto materia de su competencia o interés. En este caso, no se hace referencia a Ceuta, si bien, en el artículo 51 de dicha ley se establece que las Ciudades Autónomas de Ceuta y Melilla, junto con las Comunidades Autónomas, pueden solicitar al Gobierno formar parte de las delegaciones españolas que negocien tratados internacionales que tengan por objeto materias de su competencia o interés.

Por último, en la Ley 25/2014 se establece que las ciudades de Ceuta y Melilla pueden celebrar acuerdos internacionales no normativos cuando sean materias propias de su competencia. Los acuerdos internacionales no normativos o Memorandum of Understanding, (MOU, por sus siglas en inglés), son acuerdos de carácter internacional, que tienen por objeto establecer declaraciones de intenciones o compromisos de actuación, pero que no constituyen obligaciones jurídicas ni se rigen por el derecho internacional.

En resumen, la principal participación de Ceuta, como Ciudad Autónoma, puede ser a través de la participación en delegaciones para la firma de tratados internacionales, o incluso, firmando acuerdos no normativos. Es decir, la legislación permite una participación escasa, sobre todo, teniendo en cuenta que Ceuta y Melilla cuentan con una situación particular y sería importante una mayor capacidad de decisión o de influencia en la elaboración de tratados a nivel internacional.

A pesar de que las Entidades Locales y las Comunidades Autónomas dentro del marco jurídico español, tengan una competencia limitada, hay diversos autores que defienden que, en la práctica, el papel de los municipios en el ámbito de las Relaciones Internacionales es innegable. Por ejemplo, la doctora en Ciencias Políticas, Enara Echart Muñoz, en su libro *Movimientos sociales y relaciones internacionales. La irrupción de un nuevo actor,* afirma que "las diferentes problemáticas locales son el efecto de políticas globales, que se convierten en el centro de protestas y propuestas del movimiento en su dimensión global" (Echart Muñoz, 2008:67). Además, otro autor, Zidane Zeraoui, considera que el fenómeno de participación de las entidades locales en el ámbito internacional, recibe el nombre de "paradiplomacia", y que se contrapone a la "macro-diplomacia", es decir, la diplomacia realizada por parte de los Estados; que, además, relaciona con el enfoque realista de las Relaciones Internacionales. Este autor considera que la paradiplomacia tiene como focos principales la política económica y comercial, promoción de inversiones y exportaciones, ciencia, energía, inmigración y movilidad y relaciones multilaterales, mientras que se desinteresa por cuestiones militares (Zidane, 2011).

Mi intención no es centrarme en el hecho de que la Ciudad de Ceuta tenga o no tenga la capacidad para firmar Tratados Internacionales desde un punto de vista jurídico, más bien debemos centrarnos en el hecho de que la ciudad pueda influir en el desarrollo de la política internacional a través de diversos mecanismos y sujetos que conforman la realidad de los municipios, ya que como menciona Zeraoui, la complejidad de las relaciones internacionales ha hecho que estas se desarrollen a través de una gran red con sujetos diversos. Este autor explica varias herramientas usadas por estos nuevos actores: la creación de redes y alianzas internacionales, grupos de presión internacional, medios de comunicación o la apertura de oficinas de representación; cuestión que trataré más adelante en relación con la Unión Europea.

Por lo tanto, una de las formas de participación de la Ciudad de Ceuta en las Relaciones Internacionales, podría ser la ampliación de su presencia en distintas organizaciones académicas o de la sociedad civil, en las que se traten temas de interés de la Ciudad, siendo este el objeto del siguiente apartado.

2.3. La sociedad civil en las relaciones internacionales. Ideas para el futuro de Ceuta

Como he mencionado anteriormente, la disciplina de Relaciones Internacionales siempre se relaciona con diplomáticos a la vieja usanza que suelen, en el caso de España, ser funcionarios de la Administración General del Estado. Sin embargo, en la actualidad, la participación de la sociedad civil a través de universidades, grupos de investigación, asociaciones o think tanks –grupos de naturaleza investigadora que tratan diversos temas– constituyen un eje crucial para el desarrollo adecuado de esta disciplina, ya que son cauces que permiten que la sociedad manifieste su voluntad y sus intereses en relación con la política internacional de sus Estados.

Me gustaría mencionar un importante think tank español como es el Real Instituto ElCano, fundación privada constituida en el año 2001, cuya misión consiste en "contribuir a la elaboración de respuestas innovadoras, sólidas, inclusivas e informadas sobre los retos globales y su gobernanza, y sobre el papel de España en el mundo, con especial atención a nuestra pertenencia al proyecto europeo", según su propia página web[4]. Este think tank analiza diversos temas de política internacional, sobre todo relacionados con España y la Unión Europea.

También hay otro tipo de asociaciones de jóvenes, con objetivos más concretos, como es el caso de Junior Female Leaders[5], que se encarga de visualizar la imagen de las mujeres dentro de la diplomacia y de las relaciones internacionales; o la asociación de Equipo Europa, una asociación que fue creada en el año 2019, para fomentar el voto de los jóvenes en las elecciones al Parlamento Europeo y lograr el acercamiento de los jóvenes a la Unión Europa y sus instituciones. Estos dos casos, son el ejemplo de asociaciones formadas por jóvenes españoles, y su importante labor les ha permitido participar en grupos de trabajo o conferencias a nivel europeo, así como, participar en sesiones organizadas por embajadas de diversas partes del mundo. Es decir, suponen una herramienta para reflejar los intereses y preocupaciones en cuestiones de política internacional y relaciones internacionales de la sociedad, concretamente de los más jóvenes.

Además, hay ciudades que sirven como referencia por la importancia que se le otorga al estudio de las Relaciones Internacionales, como es el caso Barcelona o de Cádiz, esta última a través de la Cátedra de Jean Monnet "Inmigración y Fronteras"[6]. Esta Cátedra, de la que forman parte importantes autores, como es el profesor y catedrático Alejandro del Valle Gálvez, trata en profundidad diversos asuntos de política internacional, migraciones, fronteras y derechos humanos. Tanto el profesor del Valle, como otros profesores de esta Cátedra, junto con el desarrollo del Máster Bilingüe en Estudios Internacionales y Europeos de la Universidad de Cádiz, han permitido el estudio de esta materia desde un punto de vista teórico, así como desde un punto de vista práctico, otorgando una importancia a la zona de Cádiz y al área del Mar Mediterráneo en el estudio de las Relaciones Internacionales. A lo largo de los años, la Universidad de Cádiz, ha organizado seminarios, cursos, proyectos de I+D+i e incluso estancias en Marruecos, lo cual permite que las relaciones no se limiten solo al ámbito político, sino que exista un acercamiento entre ambas orillas desde un punto de vista académico y cultural, algo que debemos tener como referencia para el futuro de nuestra ciudad y de nuestra universidad.

---

4. Real Instituto Elcano https://www.realinstitutoelcano.org/sobre-elcano/el-instituto/quienes-somos/
5. Junior Female Leaders https://juniorfemaleleaders.com/
6. Universidad de Cádiz. Cátedra Jean Monnet. https://catedra-jean-monnet.uca.es/

Además, en junio de 2023 organizaron las jornadas *Weaponisig Migration: Marruecos, España y el Sáhara, dos años después de la crisis migratoria de Ceuta de 2021.*

También han surgido a lo largo de los años distintos grupos de trabajo, organizaciones y asociaciones centradas específicamente en la región del Mediterráneo, especialmente tras la Conferencia de Barcelona del año 1995. La Conferencia de Barcelona supuso la primera Conferencia Ministerial Euromediterránea, y, en su Declaración Final, se inició el llamado Proceso de Barcelona. Este proceso planteaba un pacto y un gran proyecto de colaboración entre los países del sur y del este del Mediterráneo con la Unión Europea. Este proceso giraba en torno a tres ejes principales para ayudar a la modernización de los países del sur: la cooperación para la paz y la estabilidad, el progreso económico y el diálogo entre pueblos y culturas.

Uno de los proyectos más importantes del Proceso de Barcelona fue la Política Europea de Vecindad, que consistía en la aplicación de una política de vecindad desde la Unión Europea hacia los países del sur del Mediterráneo, similar a la política que se había desarrollado con los países de Europa Central durante varias décadas, tras la caída del Muro de Berlín y que derivó en la adhesión de la mayoría de estos países en la Unión Europea en el año 2004. Además, el Proceso de Barcelona otorgaba una gran importancia a la participación de la sociedad civil para lograr estos objetivos en la región, creándose, por ejemplo, la Fundación Anna Lindh para conseguir el diálogo intercultural.

A continuación, me gustaría mencionar alguna de las instituciones que fueron creadas a partir de la Conferencia de Barcelona, y que suponen un ejemplo de asociaciones, fundaciones o consorcios en los que no solo participan los gobiernos de los Estados miembros de la Unión Europea, o de los países del sur del Mediterráneo, sino que son centros en los que hay una participación de la sociedad civil, que permite mejorar la cooperación y lograr soluciones más integradas.

a) **El Instituto Europeo del Mediterráneo**, es un think tank con sede en la ciudad de Barcelona que fue fundado en el año 1989. Su función principal es fomentar una mayor integración europea en el Mediterráneo a través de la comprensión mutua y el intercambio entre países, sociedades y culturas del Mediterráneo.

También, el IEMed trata de actuar como centro de estudios, al servicio tanto de las administraciones públicas, como empresas y otras entidades que desarrollen su actividad en el Mediterráneo. Además, busca promover la participación de la sociedad civil en el Proceso Euromediterráneo, fomentando el diálogo cultural y concediendo becas, ayudas y premios para proyectos relacionados con el Mediterráneo.

Los temas a tratar van desde igualdad de género, hasta economía y finanzas, pasando por seguridad, juventud o sociedad.

Fuente: IEMed

2) **EuroMeSCO,** es la red principal de centros de estudio e investigación de la región euro-mediterránea, que tiene como finalidad desarrollar políticas de impacto y de mejora de la cooperación en esta zona, en temas como el desarrollo económico, migraciones o la seguridad. Actualmente está conformada por 113 instituciones de 30 países del Mediterráneo, y forma parte del IEMed.

3) **La organización Unión por el Mediterráneo**, o Union for the Mediterranean, UfM por sus siglas en inglés; es una organización

intergubernamental constituida por 43 países, los 27 Estados miembros de la UE y 16 países de la zona del Mediterráneo. Esta organización tiene como objetivo fomentar la cooperación y el diálogo en la región euro-mediterránea, a través de diversos proyectos que giran en torno a tres objetivos estratégicos: la estabilidad regional, el desarrollo humano y la integración de la economía regional. También tiene su sede en Barcelona, lo que refleja la importancia de esta ciudad en la cooperación en el Mediterráneo.

Además, cuenta con numerosos proyectos y más de 20.000 partes interesadas, y defiende la idea de que los retos regionales exigen soluciones regionales.

Por ejemplo, una importante idea que ha sido impulsada por esta organización recientemente ha sido "Mediterranean Capitals of Culture & Dialogue", una iniciativa aprobada por el secretario de Cultura de UfM tras la propuesta de desarrollar una política inclusiva e integradora en el Mediterráneo por parte de 200 asociaciones juveniles de 20 estados.

Esta iniciativa pretende que una ciudad del Mediterráneo se convierta por un determinado período de tiempo en el centro de unificación de todos los países de la región, organizando diversos eventos culturales, deportivos, económicos o académicos, de modo que se estimule los intercambios y la cooperación entre estos países[7].

4) **Fundación Anna Lindh (FAL)**, es una fundación con sede en Alejandría (Egipto) y que trata de fomentar el diálogo cultural entre el norte y el sur del Mediterráneo, y sus colaboradores principales son las Naciones Unidas, la Liga de Estados Árabes, el Consejo de Europa, la UNESCO y la Asamblea Parlamentaria Euromediterránea. La red española está coordinada por el IEMed y está conformada por 130 organizaciones de todo el territorio español. Sus temas de trabajo son diversos, como la igualdad de género, la juventud, educación o medio ambiente.

Por lo tanto, como podemos ver a través de estas organizaciones creadas en torno al Mediterráneo, así como la importancia de instituciones

---

7   Mediterranean Capitals of Culture and Dialogue. Union for the Mediterranean. https:// ufmsecretariat.org/

como la Universidad de Cádiz, o importantes think tanks dedicados a temas internacionales como Junior Female Leaders, la participación en las relaciones internacionales puede realizarse a través de numerosos medios e iniciativas, no limitándose simplemente al ámbito político o diplomático.

Además, son ejemplos de organizaciones en las que Ceuta, de forma directa, o bien, ampliando su presencia y su voz en la representación realizada a través de España, podría participar para lograr una mayor visibilidad de la ciudad como parte de la región del Mediterráneo, mejorando así su imagen en el escenario internacional y fomentando las relaciones con el resto de ciudades que conforman esta región, con las que, además, compartimos características y retos.

Es cierto que en Ceuta existe algún ejemplo de iniciativa para tratar temas de la ciudad en el ámbito de la política internacional. En mayo de 2021 tuvo lugar en Ceuta unas jornadas sobre el futuro de Europa llamadas "El futuro está en tus manos: Más Ceuta, Más España y Más Europa" iniciativa que trataba de crear una plataforma entre los ciudadanos para debatir sobre la Unión Europea. Además, también existen distintas organizaciones, como es el caso del Observatorio de Ceuta y Melilla creado en el seno del Instituto de Seguridad y Cultura, que es un think tank especializado en Seguridad y Defensa. Los estudios y las investigaciones realizados a través de este Observatorio permiten ampliar los conocimientos de la ciudad, sobre todo, en el ámbito de la defensa y la geopolítica, y es innegable la importancia de este organismo. Por otro lado, este año, por ejemplo, también ha tenido lugar en Ceuta, en el entorno de los cursos de verano la UNED, un curso sobre geopolítica llamado "Geopolítica y seguridad en el siglo XXI: entre abismos y oportunidades" en el que se trataron varias cuestiones de geopolítica, desde un enfoque más bien realista, y curso en el que me pareció curioso que ninguno de los ponentes fuera una mujer, lo que demuestra la falta de representación de las mujeres en las Relaciones Internacionales.

Sin embargo, desde mi punto de vista, esto no es suficiente, porque como he explicado anteriormente, debemos intentar pensar con las "gafas del liberalismo/idealismo", es decir, no podemos reducir el estudio de la ciudad al punto de vista de la defensa o a las tensiones con Marruecos, sino que tenemos que intentar abarcar un estudio más amplio que se centre en otras realidades de Ceuta, como puede ser la cultura o la sociedad, en este caso, desde un punto de vista internacional. De este modo, la imagen de la ciudad al exterior no se limitará en un escenario defensivo-ofensivo o el mero tablero de juego de las relaciones España-Marruecos; por el contrario, conseguiremos salir poco a poco de esta dinámica, y otorgarle a la ciudad de Ceuta una imagen y una identidad más amplia y beneficiosa para todos, de modo que permita la participación de la ciudad en la toma de decisiones, tanto a nivel estatal como a nivel internacional, lo cual permitirá la defensa de los intereses de la misma.

Para conseguir este objetivo, lo principal es que la propia población ceutí tenga conocimiento sobre la realidad internacional de la ciudad, especialmente los jóvenes. Como he comentado anteriormente, he realizado una encuesta a 128 personas, cuyas preguntas y resultados se pueden consultar en el Anexo I y me gustaría mencionar algunos de los resultados.

- De las 128 personas, 103 eran de Ceuta y 25 no. De estas 103 personas, había 13 que no sabían que Ceuta contaba con un Estatuto de Autonomía. Puede parecer un número pequeño, pero de estas 13 personas todas tenían estudios superiores.

- Sobre el Comité de las Regiones había 43 personas que desconocían su existencia; y 34 personas, de las cuales, 28 eran de Ceuta, creían que Ceuta sí tenía representación. En el caso de la Representación Permanente de Ceuta ante la Unión Europea, 114 personas eligieron que no existía representación, y 118 consideraron que esta representación sería necesaria.

- En cuanto a la presencia de Ceuta y Melilla en el Tratado de la OTAN, solo 70 personas han acertado y han seleccionado que no, mientras que 52 personas pensaban que se encuentra en el Tratado de Adhesión de España.

- Por último, la cuestión sobre el Espacio Schengen ha sido en la que más personas han respondido de forma errónea, puesto que 47 personas creían que sí.

Por lo tanto, es cierto que esta encuesta demuestra que hay cierto conocimiento sobre algunos aspectos políticos e internacionales de Ceuta, de la Unión Europea y la OTAN; si bien, la nota media ha sido un 6.38, y el cuestionario se componía de preguntas básicas. Mi intención a través de esta encuesta es analizar el conocimiento actual de una pequeña muestra de personas, para poder explicar que es esencial que los vecinos ceutíes, y el resto de ciudadanos, conozcan la realidad de la ciudad de Ceuta, para así poder defender mejor los intereses de la ciudad de Ceuta, mejorar la participación de la misma en las distintas organizaciones y escenarios internacional y que pueda incidir de forma más profunda en la toma de decisiones, tanto en el ámbito nacional, como en el internacional. Para ello, se pueden utilizar diversos medios que lleguen a la población, como son las redes sociales, así como la realización de seminarios, actividades y programas dirigidos a todos los públicos, pero en especial, dirigidas a los más jóvenes. De este modo, conseguiremos avanzar un escalón, para poder llegar a reivindicar nuestra posición e importancia en la política internacional.

3. SITUACIÓN JURÍDICA Y POSIBLE PROTECCIÓN DE CEUTA EN LA OTAN

Para poder conocer la posición de Ceuta en el espacio internacional, debemos conocer y analizar las organizaciones internacionales a las que pertenece España, y que, por lo tanto, pueden tener influencia en la organización y el funcionamiento de la Ciudad Autónoma.

La Organización del Tratado del Atlántico Norte, es una organización centrada principalmente en la defensa de sus estados miembros. España pertenece a esta organización desde el año 1982. La pertenencia de España a la Alianza no presenta ninguna duda, además su participación ha sido activa desde su ingreso. Sin embargo, y tras ciertos acontecimientos que han tenido lugar a lo largo de las últimas décadas en territorio ceutí, se han planteado ciertos debates en relación con la posible protección de la Ciudad Autónoma en el hipotético caso de un ataque en este territorio.

En este capítulo, en primer lugar, haremos un análisis breve de la Organización del Tratado del Atlántico Norte, de sus inicios y de su estructura actual. En segundo lugar, analizaremos la pertenencia y la participación de España en la OTAN, para acabar abarcando la cuestión de la protección de las dos ciudades autónomas en el paraguas de defensa de la OTAN.

3.1. Definición de la OTAN y principales objetivos

La Organización del Tratado del Atlántico Norte (OTAN) fue creada a través del Tratado del Atlántico Norte o Tratado de Washington[8] , firmado el 4 de abril del año 1949, en Estados Unidos por los estados fundadores, es decir, Bélgica, Canadá, Dinamarca, Estados Unidos, Francia, Islandia,

---

8.   Tratado del Atlántico Norte. https://www.nato.int/cps/fr/natohq/official_texts_1/120. htm?selectedLocale=en

Italia, Luxemburgo, Noruega, Países Bajos, Portugal, Reino Unido e Irlanda del Norte. Posteriormente, en el año 1952, se unieron Grecia y Turquía; en el año 1955 se unió Alemania, y en 1982 se unió España. Actualmente, está compuesto por 32 aliados, tras la incorporación de varios países de Europa del Este durante los 2000 y la incorporación de Finlandia y Suecia, últimos miembros en incorporarse. Además, tras el inicio de la guerra entre Rusia y Ucrania, este último país se ha convertido en un miembro "de facto de la OTAN", puesto que a pesar de que se propuso su entrada en la Alianza, aún no se ha producido formalmente.

De acuerdo con su tratado de creación, los objetivos de la OTAN se centran en salvaguardar la libertad, los principios democráticos, las libertades individuales y el imperio de la ley, tratando de fomentar la estabilidad y el bienestar de los países aliados y velando en todo caso por la defensa colectiva y la conservación de la paz y la seguridad. Además, en los artículos 1 y 2 del tratado, se establece la primacía de los medios pacíficos en la resolución de controversias internacionales, de forma que los aliados deben abstenerse de recurrir a la amenaza o el empleo de fuerza, a la vez que deben tratar de lograr la comprensión por el resto de estados de los principios en los que se fundamenta esta organización. Además, la función principal de la OTAN aparece recogida en los artículos 5 y 6 de este tratado, y consiste en la protección conjunta del territorio de los estados miembros, de modo que el ataque armado a uno de los aliados se considerará realizado al resto de estados, dando lugar a una actuación conjunta de la OTAN, incluso a través del uso de la fuerza.

Por lo tanto, y volviendo a la definición de liberalismo-idealismo aportada anteriormente, a través de esta Alianza, los estados miembros ponen de manifiesto la intención de establecer y mantener un sistema internacional pacífico basado en la cooperación, la democracia y otros principios propios del liberalismo en Relaciones Internacionales. Si bien, no podemos negar el trasfondo realista que persigue esta organización, basada principalmente en la seguridad de los aliados, aunque desde un enfoque defensivo y de cooperación entre sus miembros.

Respecto a la organización interna de la OTAN, esta se divide en estructura militar y estructura civil. Dentro de la estructura civil, aunque independientes, se encuentran las agencias, que están especializadas en distintos ámbitos técnicos como son los suministros, la asistencia, las comunicaciones y la información dentro de la OTAN.

Respecto a la estructura militar, está compuesta por el Comité Militar, formado por Jefes de Estado Mayor de Defensa de los países de la OTAN, junto con personal militar internacional y la estructura de mandos militares, así como el Mando Aliado de Operaciones y el Mando Aliado de Transformación. Actualmente, el representante militar español ante los Comités Militares de la OTAN y la Unión Europea es el teniente general Francisco Javier Fernández Sánchez, que ocupa este puesto desde el año 2021.

En el ámbito militar, realmente la OTAN cuenta con pocas fuerzas permanentes propias. Un ejemplo, son las Agrupaciones Navales Permanentes de la OTAN, que proporcionan una presencia marítima permanente en la OTAN. Sus zonas principales de actuación se encuentran en el Mediterráneo, en el Mar Negro, el Báltico o el Corredor Sur. Generalmente, los estados miembros contribuyen voluntariamente con sus propias fuerzas militares, en aquellos casos en los que sea necesario, de forma que estas fuerzas vuelven a su país una vez completada la misión. Por ejemplo, en el caso de Ceuta, son numerosas las veces en las que militares de la ciudad participan, en este tipo de misión, en países de Oriente Próximo o de África Subsahariana[9].

Por otro lado, dentro de la estructura civil, está el Consejo del Atlántico Norte junto con el Grupo de Planes Nucleares y las Agencias de la OTAN. El Consejo del Atlántico Norte, es el principal órgano de toma de decisiones políticas de la OTAN. Tiene su sede permanente en Bélgica y reúne a los representantes de los países aliados, semanalmente o cuando sea necesario si se trata de temas urgentes, para tratar a nivel ministerial temas relacionados con la paz y la seguridad de los países aliados. Este Consejo está presidido por el Secretario General de la OTAN, puesto que actualmente ocupa Jens Stoltenberg, desde el 1 de octubre de 2014.

En cuanto al Grupo de Planes Nucleares, es el órgano superior en temas nucleares de la Alianza, sede en la que se debaten las cuestiones políticas relacionadas con estas fuerzas nucleares. Aunque los países miembros de la OTAN conservan el control político en temas nucleares, los debates del Grupo de Planes Nucleares cubren cuestiones de política nuclear que afectan al ámbito de la OTAN, como es la eficacia de la

---

9. "La segunda rotación de la Comandancia viaja a Irak para integrarse en la misión de la OTAN" Ceuta Actualidad. 30 de mayo de 2023 https://www.ceutaactualidad. com/articulo/castrense/segunda-rotacion-comandancia-parte-irak-integrarse-mision-otan/20230530081406170789.html

disuasión nuclear, la seguridad de las armas nucleares y otros sistemas de comunicación de esta organización. Por último, este Grupo de Planificación también está presidido por el Secretario General, y suelen reunirse a nivel de ministros de defensa de cada uno de los estados miembros de la OTAN.

Por último, respecto a las agencias, su función principal se centra en cuestiones técnicas y específicas. Cada una de las agencias está gobernada por una organización formada por representantes de países participantes y supervisada por el Consejo del Atlántico Norte. Estas agencias son: la Agencia de la OTAN de Comunicación e Información (NCI Agency, por sus siglas en inglés); la Agencia de Apoyo de la OTAN (NSPA, por sus siglas en inglés); el Acelerador de Innovación en Defensa para el Atlántico Norte (DIANA, por sus siglas en inglés); y la Organización de Ciencia y Tecnología de la OTAN (STO, por sus siglas en inglés).

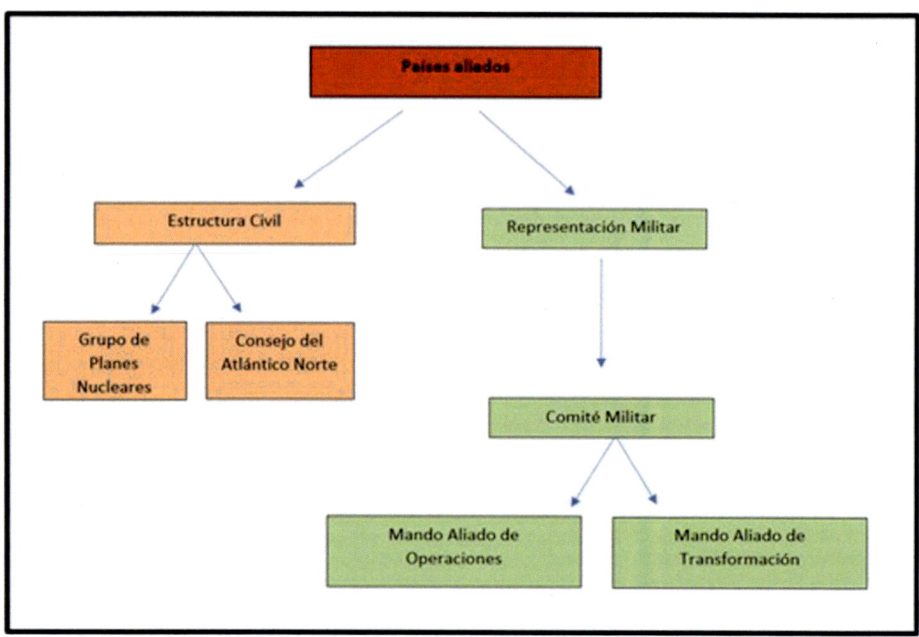

Fuente: creación propia

3.2. España en la OTAN

España se incorporó a la OTAN, tras la firma del Instrumento de Adhesión del Reino de España al Tratado del Atlántico Norte, el 30 de mayo del año 1982, convirtiéndose así en el decimosexto país de la OTAN.

En su discurso de investidura, Leopoldo Calvo-Sotelo confirmó la intención del gobierno español de iniciar el proceso de adhesión a la OTAN. Esta propuesta fue aprobada por el Congreso de los Diputados en octubre del mismo año, y el 2 de diciembre de 1981 se comunicó a la Alianza la intención formal de España de formar parte de la misma. Rápidamente fue invitada por el Consejo del Atlántico Norte a iniciar su proceso de adhesión.

De acuerdo con Juan Carlos Domingo Guerra, autor del artículo, *La defensa de Ceuta. Consideraciones sobre el sistema de garantías aplicable",* publicado en la *Revista Transfretana,* número 8, la adhesión de España en esta organización se debía más bien a "razones de política interna que para materializar su vocación estratégica" (Domingo Guerra, 2021: 223). Esto se puso de manifiesto con las dudas que surgieron en el país tras la entrada de España en la OTAN, ya que se inició un periodo interno de reflexión sobre el proceso de adhesión. Tras las elecciones generales de diciembre de 1982, el nuevo gobierno presidido por Felipe González, se mostró contrario al proceso de adhesión, y comunicó su intención de paralizarlo. Finalmente, la adhesión no quedó paralizada, pero en este contexto de reticencia, Felipe González, durante el Debate sobre el Estado de la Nación del año 1984, presentó el Decálogo de Paz y Seguridad de España, que contenía los siguientes principios:

- La participación de España no conllevaría la incorporación en la estructura militar integrada de la OTAN.

- Se mantendría la prohibición de introducir armas nucleares en España.

- La permanencia de España quedaría vinculada al ingreso en la Comunidad Económica Europea (actual Unión Europea).

- Anuncio de la celebración de un referéndum, a principios de 1986, sobre el deseo de los españoles de mantenerse en la OTAN.

El referéndum tuvo lugar el 12 de marzo de 1986 y contenía la siguiente pregunta: *¿Considera conveniente para España permanecer en la*

Alianza Atlántica en los términos acordados por el Gobierno de la Nación? El referéndum fue aprobado por el 52.54% de los votos, por lo que España se mantuvo dentro de la OTAN y comenzó a participar en todos los grupos de trabajo, comités y agencias, salvo la estructura militar integrada, postura que mantendría hasta el año 1999.

Posteriormente, Jaime de Ojeda, que por entonces era representante permanente de España ante la OTAN, aclaró la participación de España en el ámbito militar. Las seis áreas básicas de coordinación entre los mandos de la OTAN y el JEMAD español se centraría en los siguientes puntos:

1) Preservar la integridad del territorio español.

2) La defensa aérea de España.

3) La defensa del Estrecho de Gibraltar.

4). El desarrollo de operaciones navales y aéreas en el Atlántico oriental.

5) El desarrollo de operaciones navales y aéreas en el Mediterráneo occidental.

6) La recepción de refuerzos y apoyo logístico a través de la provisión de territorios e instalaciones.

Posteriormente, el 8 de septiembre del año 1995, España se adhirió al Protocolo de París, que establecía el Estatuto de los Cuarteles Generales Militares Internacionales (SOFA), y, en diciembre de ese mismo año, Javier Solana, ministro de Asunto Exteriores de España en ese momento, se convirtió en el primer español que ostentaba el cargo de Secretario General de la OTAN. Un año después, en 1996, el Congreso de Diputados aprobó la autorización del gobierno para que negociase el ingreso de España en la nueva Estructura de Mandos de la OTAN. El 8 y el 9 de julio de 1997, tuvo lugar en Madrid la XV Cumbre de la OTAN, en la que se acordó la ampliación aliada hacia el Este de Europa y se aprobó una nueva estructura militar. Además, el comunicado de esta Cumbre de Madrid, recoge la intención de España de participar en la nueva estructura militar. Finalmente, el 1 de enero de 1999, España completó su incorporación a la estructura militar integrada de la OTAN, dejando atrás las restricciones en la participación de España, que se habían establecido previamente.

A pesar de la incertidumbre en los primeros años de incorporación, España fue aumentando su contribución y su participación con medios y con efectivos en misiones y operaciones de la OTAN, entre las que destaca:

- Las misiones en Bosnia-Herzegovina, la IFOR y SFOR, entre 1996 y 1998.

- La fuerza multinacional de Kosovo, la KFOR, en la que España contribuyó con un batallón reforzado de 1200 efectivos, desde 1999 hasta 2009.

- La Operación Allied Harmony en Macedonia desde el año 1999 hasta diciembre de 2003.

- La "Unified Protector" de Libia, en 2011.

- La Operation Ocean Shield de lucha contra la piratería en el golfo de Adén y el Cuerno de África en 2009.

- La misión de Fuerza de Asistencia Internacional de Seguridad Afganistán, que finalizó en 2014, cuando comenzó la misión Resolute Support, que se centra en el asesoramiento de las fuerzas militares de Afganistán.

- La Operación naval Active Endeavour (OAE), que fue una operación naval contra el terrorismo, siendo la única operación de defensa colectiva que activó el artículo 5 de la OTAN con motivo de los ataques del 11 de septiembre de 2001.

Además de estas misiones, España participa en la Policía Aérea del Báltico, que es una misión defensiva aérea en los países bálticos. Por otro lado, en España se encuentran distintos centros para la defensa de la OTAN, como es el Centro contra Artefactos Explosivos Improvisados, que se encuentra en Hoyo de Manzanares, o la base de Rota, que se incorporó al sistema de defensa antimisiles en el año 2010. Por otro lado, dos buques españoles forman parte de las flotas de la OTAN en el Mediterráneo Oriental, que son la fragata Blas de Lezo y el BAM Meteoro.

Aunque estos datos reflejan una participación por parte de España en la OTAN, Juan Carlos Domingo Guerra considera que existe una desafección generalizada en la sociedad española, motivado por diferentes sucesos que han ido teniendo lugar en la historia del país (guerras coloniales, el desenlace de la presencia española en el Sáhara, intervencionismo político y presencia de militares,etc...). Domingo Guerra considera que este desinterés de la defensa y el ámbito militar, tiene efectos políticos y ha derivado en el aislacionismo de España en los grandes conflictos europeos y mundiales (Domingo Guerra, 2021: 222-223). En mi opinión, no creo que este aislacionismo se mantenga por parte de España, ya que su participación en el ámbito internacional ha evolucionado y se ha visto incrementada desde finales del siglo XX, como hemos podido ver en las misiones en las que España ha participado en los últimos años y en las que siguen colaborando en la actualidad. Sin embargo, Domingo Guerra considera que la defensa nacional cuenta con ciertos atributos, y uno de ellos es "la defensa por emulación", haciendo referencia a la retirada de España de ciertas misiones internacionales, o la retirada de la fragata Méndez Núñez de la agrupación naval de la OTAN.

Desde mi punto de vista, y en relación con el siguiente punto, es decir la protección de Ceuta en la OTAN, es cierto que en la sociedad española existe falta de interés por la defensa nacional y el ámbito militar y esto puede derivar en la falta de apoyo de aquellas iniciativas internacionales relacionadas con el ámbito estrictamente militar. Ahora bien, el estado español debe utilizar de forma estratégica su participación en misiones militares internacionales y en el resto de iniciativas de defensa, especialmente en el ámbito de la OTAN; para que, en el caso de que fuese necesario la defensa del territorio español, en general, y de las ciudades de Ceuta y Melilla, en particular, no quedase en tela de juicio; de forma que el resto de estados miembros de la OTAN utilicen como justificación la falta de participación de España en estas misiones, para no aplicar los mecanismos de defensa pertinentes.

3.3. La protección de Ceuta por la OTAN: el Tratado de Washington y el Concepto Estratégico de Madrid

A pesar de la falta de interés en la sociedad española por el ámbito militar, la inestabilidad en los primeros años de membresía en la Alianza del Atlántico Norte y la retirada de efectivos, España es miembro de la OTAN desde el año 1982 y su implicación y participación se ha mantenido constante a lo largo de los años, tanto con fuerzas militares como con materiales y diversos medios, siendo el séptimo contribuyente en términos financieros.

Por lo tanto, en primera instancia no habría ninguna duda de que Ceuta y Melilla, como parte integrante del Reino de España, se encuentran bajo el paraguas de protección de la Alianza, de modo que en caso de que hubiese un ataque armado en alguna de ellas, sería considerado como un ataque dirigido contra el resto de estados, y estos deberían ayudar a la parte atacada, incluso con el empleo de fuerza armada, como establece el artículo 5 del Tratado de Washington. Si atendemos solo a este artículo, esta protección sería indudable, sin embargo, la duda y el debate aparece con la redacción del artículo 6 que aclara lo que se considera un ataque armado y dice exactamente lo siguiente "Contra el territorio de cualquiera de las partes en Europa o en América del Norte, contra los departamentos franceses de Argelia, contra el territorio de Turquía, o contra las islas bajo la jurisdicción de cualquiera de las Partes en la zona del Atlántico norte al norte del Trópico de Cáncer".

La definición de ataque armado, y la delimitación geográfica que incluye dicho artículo, plantea diversas dudas, ya que en el caso de España sí protegería a las islas Canarias, al hacer referencia al Atlántico Norte, pero especifica que la protección incluirá cualquier territorio de Europa o América del Norte. Sin embargo, Ceuta y Melilla, físicamente se encuentran en África y se encuentran más bien situadas en el mar Mediterráneo. Por lo tanto, abre un amplio debate sobre la posible protección de Ceuta y Melilla por parte de la OTAN.

Juan Carlos Domingo Guerra considera que la inestabilidad respecto a la posición de España en la OTAN en los primeros años y la dificultad para ponerse de acuerdo en cuanto a los términos de la participación de España en esta organización, pudieron ser alguna de las causas por las que se acabó excluyendo a Ceuta y Melilla en la redacción del Protocolo de Adhesión (Domingo Guerra, 2021: 224). Además, considera que el hecho de que estas ciudades quedasen fuera del Tratado de la OTAN, "afecta a la homogeneidad deseable en materia de defensa" (Domingo Guerra, 2021: 235)

A pesar de la falta de referencia a las dos ciudades norteafricanas, el analista internacional Dionisio García Flórez, argumenta que "sería indudable que en caso de agresión sobre Ceuta y Melilla se pudiese solicitar la ayuda de la OTAN, aunque no existan garantías políticas formales." (García Florez, 1997: 39). García Flórez justifica su argumento explicando que a pesar de que Ceuta y Melilla pueden no considerarse territorios de la Alianza por formar parte de territorio africano, sí forman parte sus aguas territoriales, así como su espacio aéreo y las islas y los peñones, por lo que no sería congruente que las dos Ciudades Autónomas carecieran de protección. Además, explica García Florez, que en la firma del Tratado por parte de España se habla del Reino de España, sin hacer especificaciones, por lo que se entiende que estas se hallan incluidas en la propia definición.

Además, el autor, Francisco Ayuela Azcárate, considera que parte del éxito del Tratado de Washington se basa en su simplicidad, y considera que la esencia del mismo se expresa con la frase "un ataque contra un aliado será considerado un ataque contra todos" (Ayuela Azcárate, 2020), es decir, él considera que no es necesario hacer mención específica de las dos Ciudades Autónomas para entenderlas incluidas en el paraguas de la OTAN.

Desde mi punto de vista, esta argumentación es cierta, ya que a pesar de que en el artículo 6 del Tratado de Washington no se menciona concretamente estas dos ciudades, podemos entender que son parte integrante del territorio de España, y por lo tanto de Europa, sin tener que hacer referencia a las mismas. Aun así, la falta de especificación genera inseguridad jurídica y puede convertirse en una baza para que los estados miembros de la OTAN, en el hipotético e imprevisible ataque a estas ciudades, no participen en su defensa, si fuese necesario.

Este debate y las dudas en torno a la protección de las dos Ciudades Autónomas se ha visto acrecentada en los últimos años, especialmente tras los acontecimientos sucedidos en Ceuta en mayo del año 2021 con la entrada de en torno a unos cinco mil migrantes procedentes de Marruecos los cuales llegaron a Ceuta en un momento de fuertes tensiones diplomáticas entre España y Marruecos[10].

También existe cierta inseguridad en la población. En la encuesta realizada (Anexo I), 66 personas creen que Ceuta y Melilla no serían protegidas por la OTAN en caso de ataque armado; mientras que 62 personas consideran que sí estarían bajo su protección.

Sin embargo, a pesar de que ha habido opiniones diversas y que la redacción de los artículos del tratado puede poner en entredicho la posible protección de estas ciudades, para poder comprender el alcance de la protección de la Alianza debemos centrarnos en el Concepto Estratégico de la OTAN. Los Conceptos Estratégicos de la Alianza describen y determinan la forma en la que, tanto la OTAN como los propios estados miembros de la misma, dan respuesta a las amenazas u oportunidades que se plantean para su seguridad y defensa, y que varían según el mo-

---

10. 5000 personas llegan a nado a Ceuta en plena escalada de tensión diplomática con Marruecos. *El País.* Varo, L., Perejil, F., Martín, M. 17 de mayo de 2021 https://elpais. com/espana/2021-05-17/un-millar-de-personas-llegan-a-nado-a-ceuta-en-plena-escalada-de-tension-diplomatica-con-marruecos.html

mento histórico y la realidad internacional del momento. De este modo, se supera la rigidez y simplicidad del Tratado de Washington y permite a los aliados analizar los cambios necesarios en materia de seguridad y plantear modificaciones respecto a las directrices y los principios políticos y militares de la Alianza.

El nuevo concepto fue actualizado por última vez en mayo de 2022 y recibe el nombre de Concepto Estratégico de Madrid[11], puesto que fue aprobado en la Cumbre de la OTAN que tuvo lugar en Madrid durante mayo del año 2022, en el marco de una tensa situación internacional originada por la invasión de Ucrania por parte de Rusia.

El motivo por el que la Alianza decidió actualizar su Concepto Estratégico se basa en los relevantes acontecimientos que han tenido lugar en el panorama internacional en los últimos 10 años, como ha sido el Brexit, las controversias entre líderes de Estados Unidos y líderes europeos sobre el devenir y las actuaciones de la OTAN, la salida de Estados Unidos de Afganistán y las tecnologías disruptivas, elementos que han modificado el orden internacional y la forma de actuación de los estados y que requieren una nueva respuesta por parte de la OTAN. El Concepto Estratégico de Madrid trata de adaptar la estrategia de la Alianza a las nuevas amenazas que pueden sufrir los países aliados. El documento incide en varias ocasiones en la amenaza que supone Rusia para la estabilidad del continente europeo y en el aumento de poder de China en la esfera internacional.

Además, en este nuevo Concepto, la Alianza, por primera vez, pone el foco en los países de la vecindad sur, haciendo referencia a la importancia de Oriente Medio, el Norte de África y las regiones del Sahel en materia de seguridad, economía, demografía y retos políticos. Ayuela Azcárate considera que la OTAN ya no es una organización centrada solo en Europa, por lo que la seguridad "no presenta un enfoque geográfico, sino utilitario, por lo que los problemas de seguridad han de ser resueltos cuando y donde aparezcan" (Ayuela Azcárate, 2020).

Las referencias al sur global responden a los intereses de España y a un debate político y mediático que tuvo lugar los días previos a la cumbre y que giró en la búsqueda de un reconocimiento expreso de la protección de Ceuta y Melilla por parte de la OTAN.

---

11. NATO 2022 Strategic Concept. https://www.dsn.gob.es/es/documento/nato-2022-strategic-concept

Según el análisis realizado por el Real Instituto ElCano, la posibilidad de defensa y disuasión en las dos Ciudades Autónomas no depende de la definición incluida en el artículo. Además, aunque a lo largo de este nuevo Concepto no se hace referencia a las dos Ciudades Autónomas, sí que aclara que "nadie debería dudar de la fuerza y de la decisión de defender cada pulgada de territorio aliado". Esta afirmación permite entender que a pesar de que no venga incluido en la literalidad de los artículos 5 y 6 del Tratado del Atlántico Norte, la OTAN defendería la totalidad del territorio de los estados miembros en caso de ser víctimas de una agresión, por lo que Ceuta y Melilla quedarían protegidas.

Por otro lado, el Concepto Estratégico de Madrid afirma que los estados autoritarios realizan actividades maliciosas "en el ciberespacio y en el espacio, promocionan campañas de desinformación e instrumentalización la inmigración". Tanto la inestabilidad de los países del sur mencionados anteriormente como la cuestión migratoria, son dos cuestiones que plantean retos en materia de seguridad tanto para la Unión Europea como para España, y en concreto, en el caso de la cuestión migratoria, para Ceuta y Melilla. Debemos de tener en cuenta que este nuevo Concepto fue elaborado en mayo de 2022, un año después de los acontecimientos sucedidos en la frontera de Ceuta, los cuales tuvieron repercusión en el ámbito internacional y europeo, reflejado a través de la Moción Conjunta presentada en el Parlamento Europeo condenando la actuación de las autoridades marroquíes, por el incumplimiento de la Convención de los Derechos del Niño y la utilización de menores[12]. Es decir, en ese momento Marruecos ya había utilizado a los migrantes como un instrumento, por lo tanto, desde mi punto de vista, el hecho de incluirlo en este nuevo concepto demuestra que la Alianza es consciente del peligro y la gravedad de este comportamiento. Del mismo modo también considera necesario introducirlo como un nuevo tipo de amenaza para poder tomar las medidas de protección adecuadas en el caso de que fuese necesario.

Finalmente, no me gustaría poner fin a este capítulo sin hacer referencia a uno de los motivos por el que Ceuta estuvo hace unos años en el punto de mira en relación con la OTAN. Durante años, la llegada de barcos de soldados rusos se convirtió en algo normal e incluso anecdótico en la

---

12. Joint Motion for a Resolution on the breach of the UN Convention on the Rights of the Child and the use of minors by the Moroccan authorities in the migratory crisis in Ceuta.Parlamento Europeo. https://www.europarl.europa.eu/doceo/document/RC-9 -2021-0349_EN.html

ciudad de Ceuta, situación que en el actual contexto de guerra entre Rusia y Ucrania sería impensable. Durante los años 2011 y 2016 hubo hasta 60 buques que hacían escalas procedentes de Rusia, y utilizaban el puerto de Ceuta como lugar de aprovisionamiento de víveres y combustibles. Sin embargo, hubo declaraciones tanto en el seno de la OTAN como por parte de políticos de la Unión Europea, especialmente británicos, que en ese momento aún formaban parte de la UE, porque había preocupación de que el destino final de estos buques fuera el frente de Rusia en Siria, de forma que estas escalas quedarían canceladas entre el año 2016 hasta el año 2018. Después del año 2018, los buques se redujeron significativamente en número, y actualmente, por motivos obvios, estas paradas no tienen lugar. Tras esta situación, los medios de comunicación también se centraron en el grado de protección de las Ciudades Autónomas bajo el paraguas de la OTAN, pero desde mi punto de vista, el hecho de que las Ciudades Autónomas tuvieran que respetar este tipo de decisiones nos lleva a pensar de nuevo, en que deben cumplir ciertas normas como territorios pertenecientes a la OTAN.

En conclusión, y en palabras de Ayuela Azcárate, "la OTAN ha evolucionado a través de decisiones ad hoc" (Ayuela Azcárate, 2020). Esto ha permitido que la Alianza evolucione y haga frente a los desafíos de seguridad que podían suponer una amenaza para sus territorios.

Por lo tanto, a pesar de que literalmente no se haga referencia a Ceuta y Melilla en el Tratado de Washington, no debemos centrarnos simplemente en la literalidad del mismo, sino que debemos tener en cuenta tres elementos. En primer lugar, debemos tener en cuenta el nivel de protagonismo y participación de España en la OTAN a lo largo de los años a través de medios materiales, financieros y el envío de contingentes; es decir, España ha demostrado su creencia y su compromiso en la organización, por lo tanto, en mi opinión, supondría un incumplimiento por parte de los aliados el hecho de no defender los territorios de Ceuta y Melilla en el caso de que hubiera un ataque armado. En segundo lugar, el nuevo Concepto Estratégico no menciona concretamente las dos Ciudades Autónomas, sin embargo, incide en la importancia de proteger todo el territorio de los países miembros, sin mencionar restricciones por razones de situación geográfica. Por último, la OTAN es consciente de los desafíos que suponen la vecindad sur de los aliados, entre los que se encuentran ciertos riesgos no solo para Ceuta y Melilla, sino también para España e incluso la Unión Europea. Ignorar estos riesgos y estas amenazas e incluso un ataque en el caso de que tuviera lugar, acabaría repercutiendo en la seguridad total de la Alianza, por lo que, para el conjunto de la misma y su seguridad, también es importante centrarse y ponerle el freno a este tipo de amenazas.

4. CEUTA EN EL MARCO DE LA UNIÓN EUROPEA

Una vez analizada la posición de Ceuta en una de las organizaciones internacionales más importantes del mundo en términos de defensa, como es la OTAN, continuaremos por situar a Ceuta en el espacio internacional, a través del análisis de su posición dentro de la Unión Europea.

La Unión Europea es también una organización internacional, pero en este caso los Estados miembros van más allá y han cedido parte de su soberanía para lograr la consecución de los objetivos comunes. Realmente, el motivo de creación de la Unión Europea, fue lograr la paz en Europa a través de una institución común que se encargará de la gestión del carbón y del acero, de forma que ningún país pudiese crear armas para la guerra y provocar así malestar en el resto de países, como había ocurrido anteriormente en el continente europeo.

Los valores superiores de la Unión Europea, según el artículo 2 del Tratado de la Unión Europea o Tratado de Maastricht, son los siguientes: la dignidad humana, la libertad, la democracia, la igualdad, el Estado de Derecho y los derechos humanos. Además, entre los fines de la Unión se encuentran promover la paz, la seguridad y la justicia, ofrecer a sus ciudadanos un espacio sin fronteras interiores, establecer un mercado interior y una unión económica y monetaria, y, en sus relaciones con el mundo, promover la solidaridad y el respeto mutuo entre los pueblos, el comercio libre y justo, la erradicación de la pobreza y la protección de los derechos humanos, según el artículo 3 del Tratado de la Unión Europea.

Por lo tanto, y como defiende Hobbes en su obra Leviatán, los hombres, para superar su estado natural, mortal, peligroso e inestable, acuerdan un contrato social y ceden su propio poder a los soberanos, que deben defenderlos y otorgarles seguridad. En este caso, no se trata de hombres, sino que se trata de estados, los estados miembros de la Unión Europea. Esta organización se ha convertido en un hito para la comunidad internacional, al tratarse de una unión de estados dispares y que, además, habían estado inmersos en grandes conflictos durante siglos, pero que han decidido ceder su soberanía y competencias en la toma de decisiones, especialmente en temas económicos, pero también en las áreas de seguridad o fronteras exteriores. El objetivo de esta cesión, llegando incluso a ámbitos internos del Estado, se basa en la búsqueda de un bien común: la propia estabilidad y el desarrollo de la Unión Europea como organización, no limitándose al bienestar de los Estados de forma individual.

El estudio en profundidad de la Unión Europea no es el objetivo principal de este trabajo, ya que se trata de un tema muy amplio y complejo; sin embargo, nos centraremos en analizar la figura de Ceuta dentro de esta organización internacional.

Como he repetido en varias ocasiones a lo largo de este trabajo, para analizar la posición de Ceuta, debemos partir de su pertenencia a España, y, nuestro país, al ser un Estado Miembro de la Unión Europea, cuenta con numerosas ventajas, como el hecho de que los ciudadanos gocen de libertad de movimiento por todo el territorio europeo o la financiación para diversos proyectos a través de fondos europeos como los Fondos FEDER o los nuevos fondos Next Generation EU. Al mismo tiempo, los estados miembros deben cumplir ciertas normas y ciertas reglas, tanto en el ámbito interno como externo, y que son establecidas por la totalidad de la Unión Europea, generalmente por el Consejo y el Parlamento Europeo.

Por lo tanto, es importante conocer la estructura y el funcionamiento de esta organización. Esto permitirá saber las oportunidades que la Unión Europea ofrece a la ciudad, de modo que podamos conocer la forma en la que influye en las decisiones y en el devenir de Ceuta y así analizar y reforzar las instituciones o políticas en las que es necesario ampliar nuestra presencia y participación como Ciudad Autónoma.

Para ello, en primer lugar, analizaré de forma breve el origen de la Unión Europea, las ampliaciones que ha vivido a lo largo de los años y sus instituciones actuales. En segundo lugar, me centraré en el Comité de las Regiones y en la posibilidad de la creación de una Representación Permanente de Ceuta ante la Unión Europea, con la finalidad de buscar los cauces necesarios para lograr una mayor presencia de la Ciudad dentro de la organización. En tercer lugar, me centraré en los aspectos jurídicos y políticos de Ceuta en la Unión Europea, a partir de un informe realizado por un europarlamentario que ha defendido en diversas ocasiones la posición de Ceuta en la Unión Europea, el eurodiputado de Ciudadanos, Jordi

Cañas, junto con literatura de varios académicos que se han centrado en esta cuestión, en especial, el profesor Alejandro del Valle, catedrático de la Universidad de Cádiz. Una de las cuestiones más importantes y que más condiciona la política de la ciudad es el Acuerdo de Schengen y las excepciones de Ceuta y Melilla, por lo tanto, esta sección se centrará principalmente en esta cuestión.

4.1. La Unión Europea: creación, ampliación e instituciones

El origen de la Unión Europea surge con motivo del Plan que expuso el 9 de mayo de 1950 el ministro de Asuntos Exteriores francés, Robert Schuman. A través de este plan, Schuman proponía la creación de una alta autoridad para el carbón y el acero, de forma que se lograse la paz entre los distintos estados europeos que venían enfrentándose durante décadas. De acuerdo con esta propuesta, los seis países fundadores, es decir, Alemania, Bélgica, Países Bajos, Francia y Luxemburgo firmaron el Tratado Constitutivo de la Comunidad Europea del Carbón y del Acero en el año 1952 que tendría una validez de 50 años, quedando derogado en julio de 2002.

Posteriormente, se firmaron varios tratados fundacionales que fueron estructurando la Unión Europea que conocemos hoy en día. En el año 1957, se firmó el Tratado de Roma, que avanzó en la cooperación en temas económicos a través de la creación de la Comunidad Económica Europea y la creación de la Comunidad Europea de Energía Atómica, también llamada Euratom. Después, en el año 1986 se firmó el Acta Única Europea, que preparó las instituciones para la incorporación de Portugal y de España, la cual tuvo lugar ese mismo año. En febrero del año 1992, se firmó el Tratado de Maastricht, que es la base del actual Tratado de la Unión Europea (TUE), y su objetivo principal consistía en establecer los principios y objetivos para preparar la Unión Monetaria Europea. Después, en el año 1997, se firmó el Tratado de Ámsterdam, cuyo objetivo principal consistía en preparar las instituciones para abarcar el proceso de integración en el que se incorporaron casi la totalidad de los países de Europa del Este y que tendría lugar durante los primeros años del siglo XXI. En el año 2001, se firmó el Tratado de Niza. En el año 2004 se firmó una Constitución Europea que estaba prevista que entrase en vigor en el año 2006 una vez ratificada por todos los estados, y que requería la aprobación a través de un referéndum interno en cada uno de ellos. Sin embargo, esta constitución nunca entró en vigor, por el rechazo de dos estados miembros, que además eran miembros fundadores de la Unión Europea, Francia y Países Bajos. Sin embargo, gran parte de los contenidos incluidos en esta constitución, fueron trasladados al Tratado de Lisboa, que fue firmado en el año 2007 y entró en vigor en el año 2009, y que es conocido como el Tratado Fundacional de la Unión Europea (TFUE).

Como hemos mencionado, la Unión Europea, que en un primer momento recibió el nombre de Comunidad Económica Europea y posteriormente Comunidad Europea, se formó por la unión de solo 6 estados; sin embargo, este número se ha ido ampliando desde su creación, hasta llegar a los 27 miembros actuales, con la última incorporación, Croacia, en el año 2013, y la salida de Reino Unido, en el año 2020.

Esta ampliación fue avanzando a lo largo de los años y se produjo de la siguiente forma:

- En el año 1973 se unieron Reino Unido, Dinamarca e Irlanda.

- En el año 1981 se unió Grecia.

- En el año 1985, se unieron Portugal y España, a través del Tratado Lisboa-Madrid.

- En el año 1995, se unieron Austria y Finlandia.

- En el año 2004, se unieron Estonia, Letonia, Lituania, República Checa, Eslovaquia, Eslovenia, Polonia, Hungría, Malta, Chipre. Esta ha sido la mayor ampliación desde la creación de la Unión Europea, y son estados que habían formado parte de la URSS o de la Antigua República de Yugoslavia.

- En el año 2007, se unieron Rumanía y Bulgaria.

- Por último, en el año 2013, se incorporó Croacia.

Todos estos países, tuvieron que cumplir una serie de requisitos para poder formar parte de la Unión Europea. De acuerdo con el Tratado de la Unión Europea, todos estos estados debían compartir y promover los valores de la Unión. Además, desde el año 1993, se establecieron los criterios de Copenhague, que debían cumplir los países que estuvieran en proceso de adhesión a la Unión Europea. Son los siguientes:

- Existencia de instituciones estables que garanticen la democracia, el Estado de Derecho, el respeto de los Derechos Humanos y el respeto y la protección de las minorías.

- Una economía de mercado en funcionamiento.

- La capacidad para asumir las obligaciones derivadas de la adhesión, así como la capacidad para poner en práctica las normas, estándares y políticas que forman el «acervo comunitario».

Respecto a la organización interna de la Unión Europea, esta se conforma por siete instituciones, siete órganos y cerca de treinta agencias, que van siendo ampliadas a medida que son necesarias por la evolución de cuestiones jurídicas, económicas, técnicas, políticas o sociales.

En cuanto a las instituciones, existen cuatro instituciones principales, en las que se centra la toma de decisiones de la Unión Europea. Estas instituciones son las siguientes:

- El Parlamento Europeo, con sede en Estrasburgo. Su función principal es representar a los ciudadanos europeos a través de grupos políticos, formados por parlamentarios que son elegidos a través de elecciones por sufragio universal cada 5 años. Ejerce la función legislativa junto con el Consejo de la Unión Europea.

- El Consejo de la Unión Europea, con sede en Bruselas. Su función principal es representar a los gobiernos de los Estados miembros, y está conformado por los ministros de cada estado miembro, que se reúnen en 10 formaciones diferentes según el asunto a tratar. Ejerce la función legislativa junto con el Parlamento Europeo.

- La Comisión Europea, también con sede en Bruselas. Su función principal es defender los intereses de la Unión y proponer iniciativas legislativas al Consejo de la Unión Europea y al Parlamento.

- El Consejo Europeo, con sede en Bruselas. Está formado por los jefes de Estado o de Gobierno de cada estado miembro que se reúnen al menos 4 veces al año. Su función principal es definir las orientaciones y políticas de la Unión Europea.

Además de estas cuatro instituciones principales, la organización cuenta con el Tribunal de Justicia de la Unión Europea y el Tribunal de

Cuentas de la Unión Europea, ambos con sede en Luxemburgo, y el Banco Central Europeo, con sede en Fráncfort.

Por otro lado, respecto a los órganos, tienen funciones específicas para el cumplimiento de los objetivos de la Unión Europea, y son los siguientes:

- El Defensor del Pueblo

- El Servicio Europeo de Acción Exterior

- El Supervisor Europeo de Protección de Datos y el Comité Europeo de Protección de Datos

- El Banco Europeo de Inversiones

- El Comité Económico y Social

- El Comité Europeo de las Regiones

4.2. El Comité Europeo de las Regiones y las Representaciones Permanentes. La situación de Ceuta y posibles soluciones

En este apartado, nos centraremos en el Comité Europeo de las Regiones. Este comité tiene su sede en Bruselas, y representa a las autoridades regionales y locales. Tanto el Parlamento Europeo, como el Consejo de la Unión Europea y la Comisión consultan en este comité cuestiones sobre necesidades locales o regionales, y el comité remite dictámenes a estas dos instituciones.

Como he mencionado anteriormente, la Unión Europea ha estado en proceso de ampliación desde su creación. Los países que se han ido incorporando a lo largo de los años son muy variados entre sí, tanto desde un punto de vista económico, como jurídico, político, cultural o social. Además, en cada uno de estos estados las regiones tienen una organización particular, por ejemplo, en el caso de España, nuestro país se divide en Comunidades Autónomas y dos Ciudades Autónomas; en el caso de Alemania, el Estado se organiza en estados federados; o en el caso de Hungría, se divide en condados.

Por lo tanto, es de suponer que cada una de estas regiones, como ocurre en España, cuentan con una realidad diferente y, para poder llegar a todos los ciudadanos de la Unión Europea, cumplir sus intereses y satisfacer sus necesidades, no es suficiente con la representación estatal, sino que es necesario tener en cuenta la opinión de estas regiones. Este es el motivo de creación del comité Europeo de las Regiones. El motivo de citar este Comité en este trabajo es el hecho de que es una opción perfecta para que la ciudad de Ceuta defienda sus intereses, a pesar de que actualmente no contamos con representación en este órgano.

El Comité de las Regiones fue creado en el año 1994 tras la aprobación y entrada en vigor del Tratado de Maastricht. No es una institución como tal, sino que se trata de un órgano consultivo de representación de las entidades regionales y locales. Los miembros del Comité de las Regiones deben ser cargos de entidades regionales, alcaldes o representantes electos o no electos de regiones y ciudades de los estados miembros, cuya misión principal es la integración europea y la representación institucional.

A través de una resolución de julio del año 2020, el Comité Europeo de las Regiones, estableció sus prioridades para el período 2020-2025, que se basan principalmente en la toma de decisiones de la forma más cercana posible a los ciudadanos. El Comité de las Regiones está formado por 329 miembros y suplentes, que se reparten entre los estados miembros de acuerdo con su tamaño.

En el caso de España hay 21 miembros. El Gobierno español estableció la composición de la representación de España en una Moción del Senado del 20 de octubre de 1993[13], que establecía que diecisiete de los veintiún miembros deben corresponder a representantes de las Comunidades Autónomas y los otros cuatro puestos están reservados para representantes locales. Cada una de las Comunidades propone a su miembro y suplente y los representantes locales son elegidos por la Federación Española de Municipios y Provincias.

Podríamos asumir que Ceuta y Melilla por el hecho de ser dos Ciudades Autónomas, deberían de haber sido incluidas en la Moción del Senado, y su representación debería ser inmediata, sin necesidad de votación ni selección por ninguna federación. Sin embargo, este no es el caso, y ni la Ciudad de Ceuta ni Melilla forman parte de este comité. Ambas ciudades han tratado de superar estas limitaciones, y desde el año 2021 han defen-

---

13   Moción del Senado del 20 de Octubre de 1993. https://www.senado.es/legis5/publicaciones/pdf/senado/ds/PS0008.PDF

dido formar parte del Comité Europeo de las Regiones. Esta idea ha sido apoyada por el actual presidente del Gobierno, Pedro Sánchez, a través de una carta enviada al presidente de Melilla, en la que proponía como horizonte el año 2025, momento en el que finaliza el mandato actual del Comité Europeo de las Regiones[14]. Sin embargo, desde marzo de este año no se ha vuelto a tener noticias públicas por parte del gobierno central sobre el ingreso de Ceuta y Melilla en este comité.

La segunda opción, sería optar por la representación a través de la Federación Española de Municipios y Provincias. Ceuta pertenece a esta federación, como Ciudad Autónoma y como Comunidad, y, por ejemplo, el pasado septiembre de 2023, Alberto Gaitán asistió a la Asamblea de la Federación Española de Municipios y Provincias en la que se eligió a la nueva presidenta, la alcaldesa de Jerez[15]. Sin embargo, a la hora de buscar información sobre la presencia de Ceuta en esta Federación Española, en su página oficial, nos remite a una página web www.ciceuta.es. Al acceder a esta página web, encontramos una sola entrada a una página web, de la que desconozco su titularidad, con una foto que no pertenece a Ceuta. Además, a la hora de buscar con más profundidad en esta página, la información de la ciudad es, de nuevo, limitada y antigua. Es decir, volviendo al eje principal de este proyecto, es complicado pensar que la ciudad de Ceuta va a adquirir una imagen y una presencia en la Unión Europea si el punto de partida en España para poder formar parte de este Comité de las Regiones, es ser elegido por la Federación Española de Municipios; y nuestra presencia, al menos en redes sociales, que aunque no sean significativas de la actividad del gobierno de la ciudad en esta federación, son muy útiles en el siglo XXI para difundir información, consiste simplemente en una página web con una sola entrada de mayo del año 2022, muy alejada de una descripción actual y real de Ceuta.

Con esta crítica, mi intención es manifestar que la ciudad de Ceuta necesita tomar la iniciativa para ampliar su presencia en todas las instituciones que permitan la representación de sus intereses, de sus ciudadanos

14. Sanchez expresa su apoyo a las pretensiones de Ceuta y Melilla de ingresar en el Comité Europeo. 11 de marzo de 2023. *Europapress*. https://www.europapress.es/ceuta-y-melilla/noticia-sanchez-expresa-apoyo-pretensiones-ceuta-melilla-ingresar-comite-europeo-regiones-ue-20230311171805.html

15. Ceuta, en la Asamblea de la Federación Española de Municipios y Provincias. 23 de septiembre de 2023. *Ceuta Actualidad*. https://www.ceutaactualidad.com/articulo/la-ciudad/ceuta-asamblea-federacion-espanola-municipios-provincias-celebrada-madrid/20230923163539178453.html

y que permitan hacer conocer esta Ciudad. Para ello, debemos ir paso a paso, por lo que, por mucho que haya críticos de la Unión Europea y de la infrarrepresentación de los ciudadanos, jamás será posible que la ciudad sea tenida en cuenta en el espacio europeo si no llevamos a cabo iniciativas para reforzar la imagen a nivel nacional, con una representación más activa tanto en la Federación Española de Municipios como en el resto de ámbitos y espacios en los Ceuta tenga la oportunidad de darse a conocer tanto nacional, como internacionalmente.

Además, desde la Ciudad de Ceuta, en el momento en el que se propuso la participación en el Comité de las Regiones, también se propuso la idea de contar con un Observatorio Europeo para la Migración o un centro de formación y especialización de agentes de FRONTEX[16]. Todos estos planteamientos están completamente alineados con el objetivo de este proyecto, si bien, desconozco y no me ha sido posible encontrar ninguna referencia dentro del Ayuntamiento de Ceuta sobre el proceso de incorporación en el Comité de las Regiones, ni ninguna de las otras iniciativas. Además, y volviendo al primer apartado de este trabajo, el proyecto de crear un Observatorio Europeo para la Migración es adecuado, a la par que ambicioso. Es por ello, que una forma de avanzar en este aspecto y conseguir la instauración de una institución de este tipo en Ceuta, es fomentar la participación de la sociedad civil con informes y estudios de académicos o asociaciones de la ciudad de Ceuta. Otra de las opciones, es avanzar en la participación en eventos que traten esta materia, que estén organizados, por ejemplo, por la Organización Internacional para las Migraciones (organización de la ONU) o en la Agencia de Asilo de la Unión Europea, con sede en Malta.

Por último, a pesar de que Ceuta no forme parte del Comité Europeo de las Regiones, aparecen en el informe anual del Comité de las Regiones sobre el estado de regiones y ciudades del año 2023[17]. Las referencias que se hacen de la ciudad son las siguientes:

- Tasa de desempleo más alta de Europa con un (28,4%).

---

16. Ceuta y Melilla solicitarán formar parte del Comité Europeo de las Regiones.25 de noviembre de 2021. *El Faro de Ceuta. https://elfarodeceuta.es/ceuta-solicitara-formar-parte-comite-regiones-europeo/*

17. Informe anual de la Unión Europea de 2023 del Comité Europeo de las Regiones sobre el estado de regiones y ciudades. https://cor.europa.eu/en/engage/brochures/Documents/EU%20Annual%20Report%20on%20the%20State%20of%20Regions%20and%20Cities%202023/4892%20-%202023%20Annual%20Report%20es.pdf

- Tasa de desempleo de hombres más alta de Europa (23,9%).

- Tasa de desempleo femenina más alta de Europa (34,6%).

- Mayor tasa de desempleo juvenil de Europa con un (42,4).

- Se encuentra entre las mayores tasas de descenso en el desempleo de jóvenes de 15 a 29 años entre 2021 y 2022 con un descenso del 13,6%.

Es obvio que el problema del desempleo es una cuestión muy grave en la ciudad de Ceuta, acrecentada por el cierre de comercios y por los inconvenientes en la frontera con Marruecos. Sin embargo, el hecho de que la única referencia a Ceuta en este informe refleje este tipo de datos, sin además contar con representación de la ciudad para su defensa o para emitir observaciones, no beneficia de ningún modo a la imagen de Ceuta en el plano europeo.

Otra de las alternativas consiste en la creación de una Oficina Permanente de Ceuta ante la Unión Europea. Durante las jornadas sobre la Unión Europea que tuvieron lugar en Ceuta en mayo de 2021, la eurodiputada Dolors Montserrat, manifestó la importancia para Ceuta de "tener una persona física en Bruselas que defendiera sus intereses y el Tratado de Schengen". Ya en el año 1995, Jose María Campos, en su libro "Ceuta: problemas y soluciones" hablaba de la necesidad de abrir esta oficina permanente en Bruselas.

La Representación Permanente de España ante la Unión Europea, tiene su sede en Bruselas, y es el órgano acreditado, con carácter representativo y de gestión, que asegura la presencia de España en las instituciones de la Unión Europea. Su jefatura le corresponde al Embajador Representante Permanente de España, nombrado por el Gobierno. La función principal de esta representación consiste en relacionarse con los actores que forman parte de la toma de decisiones, defendiendo el equilibrio entre el interés de España y el interés común europeo, además de mantenerse en contacto continuo con los interlocutores relacionados con la Unión Europea en España.

Si bien, no solo España como estado cuenta con una Representación Permanente ante la Unión Europea, las Comunidades Autónomas han impulsado de forma individual distintos mecanismos para participar en la Unión Europea. En algunos casos, han desarrollado sistemas de colaboración con el estado, y en otros casos, en concreto siete Comunidades Autónomas, han creado sus propias oficinas de representación permanente, como es el caso de Andalucía, Castilla y León, Castilla La Mancha, Madrid, Galicia, Asturias, Cantabria y la última incorporación, Melilla.

Por ejemplo, en el caso de la Junta de Andalucía, creó su propia Delegación de Bruselas en el año 1995, y sus funciones se centran en el seguimiento del proceso normativo, en el apoyo a los intereses socioeconómicos de Andalucía, en la coordinación de relaciones entre la Junta y las instituciones de la Unión Europea y en el seguimiento y participación en los trabajos de Comité de las Regiones. Además, tienen la competencia de firmar convenios de colaboración, y cuenta con convenios con diez universidades andaluzas y con las Consejerías de Educación y Ciencia dentro de la Comunidad Autónoma. Gracias a estos convenios de colaboración, la Junta de Andalucía ofrece diversas becas y programas para jóvenes estudiantes, que permiten estancias en la Delegación Permanente de Andalucía ante la Unión Europea. Esta delegación está formada por el Titular de la Delegación, los Técnicos de área y la Secretaría.

La Junta de Andalucía justificó la creación de su Delegación Permanente por una sentencia del Tribunal Constitucional, 165/1994 de 26 de mayo, en la que se reconoce la posibilidad de que las Comunidades Autónomas puedan llevar a cabo labores de seguimiento de la actividad de la Unión Europea, permitiendo la apertura de Delegaciones en Bruselas. Por lo tanto, la apertura de una Delegación Permanente para Ceuta estaría legitimada.

Además, podemos tomar el ejemplo de Melilla, que en mayo de este año 2023[18], su presidente firmó con el Ministerio de Asuntos Exteriores, Unión Europea y Cooperación el Protocolo General de Colaboración; que "permitirá la apertura de esta oficina en Bruselas y que otorgará visibilidad a la Ciudad", según palabras de su presidente.

Desde mi punto de vista, creo que es el momento perfecto para presionar al Gobierno Central para la apertura de una Representación Permanente de Ceuta ante la Unión Europea, y así defender nuestros intereses. Además, en la encuesta realizada (ver Anexo I),118 personas están de acuerdo con la apertura de esta Delegación Permanente en Bruselas.

---

18. Firmado el protocolo para que Melilla tenga una oficina en la Representación Permanente de España en la UE. 9 de mayo de 2023. *El Faro de Melilla. https:// elfarodemelilla.es/firmado-el-protocolo-para-que-melilla-tenga-una-oficina-en-la-representacion-permanente-de-espana-en-la-ue/*

Por otro lado, teniendo en cuenta el avance de la ciudad de Melilla, es importante evitar quedarnos atrás en las relaciones con las instituciones de la Unión Europea. Esta oficina debería abrirse lo antes posible, y contar con funcionarios que conozcan las necesidades e intereses de la ciudad de Ceuta, pero que, a su vez, tengan formación en el ámbito de las Relaciones Internacionales, Relaciones Institucionales y un conocimiento profundo del Derecho y las Instituciones de la Unión Europea, de forma que esta defensa sea efectiva. Además, al igual que la Junta de Andalucía, podrían realizarse convenios de colaboración con la Universidad de Granada, para que estudiantes ceutíes realicen estancias en esta delegación, y, de este modo recibir formación en temas relativos a la Unión Europea, y así, continuar ampliando la presencia de Ceuta en las instituciones internacionales, a la vez que se profundiza el estudio de las Relaciones Internacionales y la Unión Europea en nuestra ciudad.

4.3. Aspectos jurídicos y políticos de Ceuta en la Unión Europea

El elemento principal a la hora de estudiar la integración de Ceuta dentro de la Unión Europea es el hecho de que tanto Ceuta como Melilla quedaron excluidas del Acuerdo de Schengen, que entró en vigor en 1995 en España. Tampoco forman parte del Territorio Aduanero de la Unión, por lo que son territorios exteriores en términos aduaneros. Por otro lado, no tienen el estatus de Regiones Ultraperiféricas, a diferencia de las Islas Canarias u otros territorios europeos como las Azores. Tampoco son aplicables en Ceuta y Melilla la política agrícola común y la Política de pesca, los actos de la política comercial común autónoma, las ayudas a la exportación, política de exportación, medidas de defensa y los acuerdos comerciales de la UE con terceros u organizaciones internacionales. Sí se aplican, en cambio, los acuerdos tarifarios firmados con terceros dentro de la Organización Mundial del Comercio (OMC).

El espacio Schengen es una zona conformada por estados del continente europeo que decidieron abolir entre ellos las fronteras interiores, para crear así un espacio común donde se respetase la libre circulación de personas, bienes, servicios y capitales, a la vez que se establecen normas comunes de control de fronteras exteriores. La creación del espacio Schengen supuso la eliminación de las fronteras entre países europeos, a la vez que se reforzaban las fronteras exteriores. De acuerdo con el

Convenio de Aplicación del Acuerdo de Schengen, cada estado parte del acuerdo, debe controlar sus propias fronteras exteriores, disponiendo de personal adecuado y suficiente para ejercer este control.

El espacio Schengen está conformado principalmente por estados de la Unión Europea, pero también hay estados miembros de la Unión Europea que no forman parte del espacio Schengen, como es el caso de Chipre, Croacia, Rumanía, Bulgaria e Irlanda, o estados que forman parte del espacio Schengen, pero no forman parte de la Unión Europea, como Islandia, Noruega o Suiza.

Respecto a la situación de Ceuta y Melilla se recoge en el Acuerdo de Adhesión de España al Convenio de Schengen y establece lo siguiente:

a) *"Seguirán aplicándose por parte de España los controles actualmente existentes para mercancías y viajeros procedentes de las ciudades de Ceuta y Melilla previos a su introducción en el territorio aduanero de la Comunidad Económica Europea. de conformidad con lo previsto en el protocolo número 2 del Acta de Adhesión de España a las Comunidades Europeas".*

b) *Continuará igualmente aplicándose el régimen específico de exención de visado en materia de pequeño tráfico fronterizo entre Ceuta y Melilla y las provincias marroquíes de Tetuán y Nador.*

c) *A los nacionales marroquíes no residentes en las provincias de Tetuán y Nador y que deseen entrar exclusivamente en las ciudades de Ceuta y Melilla, se les seguirá aplicando un régimen de exigencia de visado. La validez de este visado será limitada a las dos ciudades citadas, y permitirá múltiples entradas y salidas.*

d) *En la aplicación de este régimen serán tenidos en cuenta los intereses de las otras partes contratantes.*

e) *España mantendrá controles (controles de identidad y de documentos) en las conexiones marítimas y aéreas provenientes de Ceuta y Melilla que tengan como único destino otro punto del territorio español. A este mismo fin, España mantendrá controles sobre los vuelos interiores y sobre las conexiones regulares por transbordador que salgan de las ciudades de Ceuta y Melilla con destino a otro estado parte del convenio.*

Según el informe realizado por el eurodiputado Jordi Cañas, la decisión de no incluir a Ceuta y Melilla en este espacio, fue tomada por parte del gobierno de España, justificado con la intención de no perturbar las relaciones bilaterales con Marruecos, las cuales analizaremos posteriormente. Otro motivo fue el económico, porque de este modo se permitía el flujo de ciertos ciudadanos marroquíes que beneficiaban a la economía local de Ceuta y Melilla.

El hecho de que Ceuta y Melilla no formen parte del sistema Schengen hace que estas ciudades sean doble frontera, por un lado, de Marruecos y, por otro lado, del propio espacio Schengen. Además, es el derecho interno español el que decide en materia de entrada de extranjeros en Ceuta y Melilla, a diferencia de lo que ocurre con el espacio Schengen, donde los estados tienen una normativa común en materia de extranjería.

El informe establece una serie de beneficios e inconvenientes sobre la entrada de Ceuta y Melilla en el espacio Schengen, y son los siguientes:

Ventajas	Inconvenientes
Controlar la inmigración a través de un refuerzo del europeísmo de estas ciudades.	Empeoramiento de las relaciones diplomáticas entre España y Marruecos.
Libertad de movimientos de personas, capitales, bienes y servicios entre Ceuta Melilla y el resto de estados miembros del espacio Schengen.	Relajación del control de las fronteras por parte de las autoridades marroquíes.
Límite del contrabando: endurecimiento de los controles en frontera con una reducción del contrabando y la economía sumergida.	Impacto sobre la economía de Ceuta y Melilla por la reducción del comercio transfronterizo.
Refuerzo de la cooperación internacional en materia de control de fronteras a través de la Agencia Europea para la Gestión de la Cooperación Operativa en las Fronteras Exteriores de los Estados.	Inseguridad en la frontera, puesto que las personas que se encuentren en Ceuta y Melilla podrían circular libremente por todo el territorio de Schengen.
	Aumento de los costes para España y para la Unión Europea por el control de las fronteras exteriores de la Unión.

Desde mi punto de vista esta clasificación es acertada en algunos aspectos, pero en otros, creo que los motivos o las explicaciones son insuficientes. En primer lugar, respecto a las ventajas, considero que el hecho de que en Ceuta y Melilla se aplique una política más europeísta no va a dar lugar a una reducción de la inmigración. Los motivos para migrar suelen ser muy variados, y en el caso de África subsahariana o Marruecos, las causas que motivan a miles de jóvenes anualmente a migrar se basan en la pobreza, la falta de empleo, de salud o de esperanza. Por lo tanto, el hecho de que estas ciudades pasen a formar parte de Schengen no va a reducir la intención de migrar ni va a producir ningún cambio en los países de origen. Por otro lado, en cuanto a los inconvenientes, es totalmente cierto que la introducción de Ceuta y Melilla en el espacio de Schengen puede producir el descontento por parte de Marruecos y, como hemos visto anteriormente, el Reino de Marruecos se caracteriza por seguir una política realista en Relaciones Internacionales, por lo que podríamos esperar cualquier tipo de reacción. Sin embargo, esto no puede hacer que España o las propias Ciudades Autónomas, así como su población, carezcan de libertad para decidir según sus propios intereses. Además, el hecho de que Marruecos relaje sus medidas en las fronteras, no tendría que suponer ningún inconveniente para la seguridad de las Ciudades Autónomas, teniendo en cuenta que estas son fronteras de Europa, y su seguridad debería verse reforzada como tal.

Respecto a las posibilidades de Ceuta y Melilla en relación con el marco Schengen, desde el Observatorio de Ceuta y Melilla, en su artículo "La consolidación europea de Ceuta, Melilla y los otros territorios españoles en el Norte de África" de junio de 2022, explican varias opciones sobre el devenir de estos territorios en el marco Schengen:

- Renunciar al régimen de exención de visados: esto implica derogar la declaración que se presentó por parte de España en el momento de su adhesión a la Unión Europea. Desde el Observatorio consideran que no es derecho originario, es decir, que no se trata de un tratado fundacional o similar, por lo que se podría hacer de forma unilateral por España. Esto conlleva la exigencia de visado a todas las personas, independientemente de su residencia en Marruecos.

  Sin embargo, ellos mismos consideran que esta opción no es deseable, porque saturaría los consulados españoles y tendría efectos colaterales económicamente y socialmente.

- Mantener el régimen, pero reforzando la cooperación bilateral y otorgarle más medios y recursos. Además, mencionan la importancia de regular el tráfico fronterizo menor habitual, a pesar de que Marruecos y España hayan decidido ponerle fin, a través de un fortalecimiento de los mecanismos de seguridad con fronteras inteligentes, un refuerzo del personal, así como la solicitud de un registro previo, como el existente en Gibraltar. En mi opinión, esta propuesta puede ser la más adecuada para mantener la estabilidad económica y social de las ciudades fronterizas, tanto españolas como marroquíes, aunque supondría una mayor cooperación con el Reino de Marruecos, y esto conlleva que tuviese más medios para ejercer presión en nuestro país.

Si la decisión de incluir plenamente a Ceuta y Melilla en el espacio Schengen no pudiese tomarse de forma unilateral por parte de España, y efectivamente, fuese necesario con modificar el acuerdo de Schengen, se debería de seguir el siguiente procedimiento:

1) La parte contratante, en este caso España, debe enviar al gobierno de Luxemburgo, que actúa como depositario de este convenio, su propuesta de cambios del acuerdo de adhesión. Desde Luxemburgo, se transmitiría a las demás partes contratantes del acuerdo.

2) Las partes adoptarán de común acuerdo las modificaciones del convenio. Se requiere el acuerdo de todas las partes contratantes, previa comprobación de los requisitos que deben cumplir por parte de Ceuta y Melilla, para poder incorporarse al espacio Schengen.

3) Las modificaciones entrarán en vigor el primer día del segundo mes siguiente a la fecha en la que se presente el último instrumento de ratificación.

Es decir, puede parecer un proceso sencillo, pero tenemos que tener en cuenta, que, en primer lugar, el gobierno español debe ponerse de acuerdo para tomar la iniciativa; algo que, teniendo en cuenta la inestabilidad y las discrepancias políticas actuales puede resultar casi imposible. Una vez superado este proceso, si es que esto fuera posible, necesitaríamos el acuerdo de todos los estados miembros del espacio Schengen. La mayoría de estos estados tendrán un desconocimiento total de la ciudad de Ceuta y de sus características, por lo que, de nuevo, reitero la importancia de mejorar y profundizar en la identidad y la imagen que la ciudad de Ceuta tiene en la política exterior, para dejar de ser una simple ciudad en la costa africana y convertirnos en un actor de la política internacional europea con una identidad fuerte y estable.

Desde la pandemia mundial del COVID 19, la situación de las fronteras en Ceuta y Melilla se ha visto modificada, por iniciativas tanto de Marruecos, como del gobierno central español, aunque sin llegar a modificar el acuerdo de adhesión de Schengen. Con la pandemia, se produjo el cierre de las fronteras, interrumpiendo el paso fronterizo. Aunque esta interrupción comenzó durante la pandemia, la Secretaría de Estado de Seguridad de España, el 13 diciembre de 2022, emitió una resolución acordando mantener el cierre temporal de los puestos terrestres habilitados para la entrada y salida de España a través de Ceuta y Melilla[19]. En esta resolución, se acordó permitir el paso por El Tarajal en Ceuta a quienes reúnan los requisitos para trasladarse en el territorio de Schengen, así como los trabajadores transfronterizos con Tarjeta de Identidad de Extranjero en vigor o visado para Ceuta y Melilla. Con estas restricciones, quedaba sin aplicación la exención de visado para los residentes en las provincias de Tetuán y Nador que, como he mencionado anteriormente, viene establecido en el acuerdo de adhesión del Reino de España al convenio del acuerdo de Schengen.

El motivo principal, según esta orden, es asegurar la integridad de las personas que cruzaban de forma masiva las fronteras entre Ceuta y Melilla y Tetuán y Nador, así como las supuestas obras de modernización en las fronteras. Además, establece que esta instrucción: *se mantendrá hasta que entre en vigor un nuevo régimen de pequeño tráfico fronterizo y se adapten las instalaciones.* Por lo tanto, aunque no se hayan tomado iniciativas legislativas en relación con el propio acuerdo Schengen, el gobierno español demuestra su intención de modificar el régimen existente y trata de establecer un régimen concreto y correctamente definido de las Ciudades de Ceuta y Melilla.

Además del espacio Schengen, en la Unión Europea, existe el Territorio Aduanero de la Unión (TAU), que es un territorio interno libre de controles aduaneros para los movimientos de mercancías, a la vez que se establece una única frontera para terceros países. La creación de este territorio aduanero, se produjo en el año 1993 con la implantación de un

---

19. Resolución de 13 de diciembre de 2022, de la Secretaría de Estado de Seguridad, por la que se acuerda mantener el cierre parcial temporal de los puestos terrestres habilitados para la entrada y la salida de España a través de las ciudades de Ceuta y Melilla. Ministerio del Interior. https://www.boe.es/boe/dias/2022/12/15/pdfs/BOE-A-2022-21188.pdf

Mercado Único Europeo, que eliminaba las fronteras físicas entre los estados miembros de la UE, así como las aduanas entre los mismos.

Actualmente, ni Ceuta, ni Melilla, ni tampoco las Islas Canarias pertenecen a este territorio, y son consideradas zonas de libre cambio. Esto tiene ciertas consecuencias:

1) En las relaciones comerciales entre España y Ceuta, se deben cumplir las mismas reglas y requisitos que en los intercambios de mercancía entre España y cualquier tercer estado no perteneciente a la Unión Europea en materia aduanera.

2) Además, como ocurre en materia de extranjería, las importaciones y exportaciones de mercancías en Ceuta y Melilla no están sujetas a las disposiciones normativas de la Unión Europea, sino por normas internas de España.

3) No están incluidos en el territorio del IVA.

4) La importación de productos de origen comunitario y no comunitario se encuentran libres de derechos arancelarios y de exacciones de efecto equivalente.

Además de estas cuestiones más bien económicas y financieras, en este trabajo, la importancia de conocer cuál es la situación actual de Ceuta y Melilla se centra en analizar cuál puede ser la posible evolución de estos territorios. Alejandro del Valle considera que es "esencial desplegar todo el potencial de la Unión Europea, puesto que conviene a España y es necesario para nuestro país", haciendo referencia, no solo a Ceuta y Melilla, sino también a la europeización de los peñones e islas, haciendo referencia a los peñones de Vélez, Alhucemas y a las islas Chafarinas y la isla del Perejil (Del Valle, 2022:5). Para conseguir esta europeización de las ciudades, del Valle propone:

a) Otorgar la condición de Región Ultraperiférica: considera que sería necesario agrupar como única región ultraperiférica a las Ciudades Autónomas, Islas y Peñones; sin embargo, explica que existen ciertos inconvenientes, principalmente el hecho de que las ciudades no cumplen los requisitos de lejanía (deben estar a más de 100 km de los estados). Además, este cambio supondría una modificación de los Tratados de la Unión Europea, lo que puede ser un proceso jurídico prolongado.

Estoy de acuerdo con el profesor del Valle con esta idea, si bien, me parece incorrecto el hecho de agrupar a todos estos territorios en una única región. A pesar de que los peñones e islas se encuentran cerca de las Ciudades Autónomas, nada tienen que ver. Las Ciudades Autónomas cuentan con una población, que requiere de servicios e instituciones, mientras que las islas y peñones, están en la mayoría de los casos inhabitadas o dedicadas simplemente al ámbito militar y dirigidas por el Gobierno Central. Por lo tanto, podría producir una confusión aún mayor sobre estas Ciudades Autónomas.

b) Otorgar un estatuto específico ad hoc para Ceuta y Melilla: los motivos para otorgar este estatuto se centran en su condición de ciudades fronterizas, la migración, el uso de la inmigración como arma política por parte de otros estados y por los valores europeos existentes en las mismas.

Del Valle considera que una opción sería otorgarles una denominación concreta, que puede ser "Ciudades UE de Frontera Exterior en África", para poder proponer soluciones más concretas para estas ciudades, teniendo en cuenta sus características y problemas específicos.

Considero que esta idea es más acertada, si bien, sería España la que tendría que impulsar esta propuesta, y los socios europeos deberían apoyarla para llegar a un acuerdo; por lo tanto, volvemos al eje principal de este trabajo, y es que, para conseguir un estatuto específico, las dos Ciudades Autónomas deben ser conocidas y reconocidas en el ámbito europeo e internacional, y eso está en manos de la propia ciudad.

En conclusión, podemos apreciar la relevancia de la Unión Europea en la escena internacional, así como las ventajas y oportunidades, tanto sociales como económicas, que aportan la pertenencia de los estados a la Unión Europea. Sin embargo, a pesar de que tanto el gobierno central como ciertos europarlamentarios, traten de defender nuestras necesidades e intereses, podemos afirmar que actualmente, estamos infrarrepresentados en el ámbito de la Unión Europea, al no contar con representación dentro del Comité Europeo de las Regiones ni contar con una Oficina o Delegación Permanente de la Ciudad de Ceuta en Bruselas, a diferencia de Melilla, la cual ya nos ha adelantado.

Para poder aumentar nuestra presencia e incluso lograr la apertura de nuestra propia delegación, desde Ceuta debemos tomar la iniciativa, presionando al gobierno central, creando grupos de trabajo que traten sobre la Unión Europea y elaborando proyectos que se centren en la posible estructura de una representación ceutí en Bruselas. Por último, mencionar que la actual situación de las fronteras tanto de Ceuta como Melilla, así como la suspensión de la exención de visados sin haber modificado el Acuerdo de Schengen, supone cierta inseguridad jurídica, lo que podría derivar en una mayor inestabilidad con las relaciones de Marruecos, sensibles de por sí, y que trataremos en el capítulo siguiente. Es por ello, que comparto la opinión del profesor del Valle y considero necesario que tanto la Unión Europea, como el gobierno central en colaboración con las dos Ciudades Autónomas, deberían elaborar un régimen concreto y específico para ambas.

5. RELACIONES ESPAÑA Y MARRUECOS: EL ESCENARIO CEUTÍ

Por último, para conocer la posición de Ceuta en el espacio internacional, es inevitable tener que hablar de las relaciones existentes entre España y Marruecos, que condicionan la realidad de Ceuta, ya que, como he mencionado en varias ocasiones a lo largo de este trabajo, Ceuta se convierte normalmente en el tablero de juego de estas relaciones.

Como hemos podido ver, el empeoramiento de las relaciones entre el gobierno central español y el reino alauita suele verse reflejada en la realidad ceutí, por ejemplo, con presiones económicas, dificultades en la entrada y salida en la frontera del Tarajal e incluso, con la llegada de miles de personas a la ciudad, motivadas por el propio gobierno de Marruecos, como ocurrió en mayo de 2021. Sin embargo, en el momento en que estas relaciones mejoran –aunque esto se produce en pocas ocasiones por las continuas presiones que el reino de Marruecos ejerce en España y en la Unión Europea– esto también tiene sus consecuencias para la Ciudad Autónoma, por ejemplo, obteniendo una mayor colaboración de las autoridades marroquíes en la frontera.

En este capítulo, en primer lugar, procederemos a analizar de forma breve la posición de Marruecos en relación con la Unión Europea, al ser un socio privilegiado que forma parte de la vecindad sur; a continuación, analizaremos las relaciones actuales existentes entre España y Marruecos. En este apartado no nos centraremos en el recorrido histórico de estas relaciones, si no que más bien nos centraremos en el estado actual de las mismas, que se basan básicamente en el descontento por parte de Marruecos, principalmente por motivos de territorio, con la frustración de su plan del Gran Marruecos, que incluye deseos expansionistas en el norte del continente africano, así como el Sáhara Occidental e incluso, las propias ciudades autónomas de Ceuta y Melilla. Esta frustración hace que

Marruecos utilice la migración y el ahogo económico para conseguir sus pretensiones. Estos elementos serán de estudio en este capítulo.

5.1. La posición de Marruecos en la Unión Europea

Marruecos es uno de los socios privilegiados de la Unión Europea y se encuentra dentro de la Política Europea de Vecindad (PEV) de la que también forman parte otros estados meridionales, como son Argelia, Egipto, Israel, Jordania, el Líbano, Libia, Siria, Territorios Palestinos y Túnez.

El fundamento jurídico de este tipo de relaciones se encuentra en el artículo 8 del Tratado de la Unión Europea, que establece que *"la Unión desarrollará con los países vecinos relaciones preferentes, con el objetivo de establecer un espacio de prosperidad y buena vecindad basado en los valores de la Unión y caracterizado por unas relaciones estrechas y pacíficas de cooperación".*

La Política Europea de Vecindad utiliza programas de cooperación bilateral a través de planes de acción o programas de asociación, que tienen por objeto el establecimiento de sociedades basadas en principios democráticos, así como la promoción de la educación y la integración económica. Durante el período 2014-2020, el instrumento de financiación para esta cooperación fue el Instrumento Europeo de Vecindad, y para el período 2021-2027, este instrumento ha sido sustituido por el nuevo Instrumento de Vecindad, Cooperación al Desarrollo y Cooperación Internacional - Europa Global. Este nuevo instrumento, se centra en combinar subvenciones por parte de la Unión Europea con préstamos de instituciones financieras tanto europeas como internacionales, pero, de acuerdo con el profesor Alejandro del Valle, este último instrumento ha sido rechazado por parte de Marruecos para evitar que se aplicara en Ceuta y Melilla[20]. Además de este Instrumento Europeo de Vecindad, en febrero del año 2021, se propuso por parte de la comisión una nueva Agenda para el Mediterráneo que establecía los siguientes ámbitos estratégicos: desarrollo humano y Estado de Derecho; resiliencia y transición digital; paz y seguridad; migración y movilidad y transición ecológica.

---

20. Del Valle, A. (13 de julio de 2021). Consolidar a la UE en el área del Estrecho (1): Ceuta, Melilla y Marruecos. *Real Instituto ElCano. https://www.realinstitutoelcano.org/ analisis/consolidar-a-la-ue-en-el-area-del-estrecho-1-ceuta-melilla-y-marruecos/*

Las relaciones entre la Unión Europea y Marruecos han ido avanzando a lo largo de los años, llegando la Unión Europea a conceder a Marruecos la condición de país avanzado dentro de la Política Europea de Vecindad en el año 2008. Ya en el año 2000, firmaron un Acuerdo de Asociación entre la Unión Europea y Marruecos y en 2013 se adoptó un nuevo plan de acción en el marco de la Política Europea de Vecindad mencionada anteriormente.

El Acuerdo de Asociación entre la Unión Europea y Marruecos del año 2000, recoge estipulaciones en el ámbito económico, estableciendo en su artículo 19 la libre circulación de mercancías y la eliminación de restricciones cuantitativas y medidas de efecto equivalente entre ambos actores, la libertad de establecimiento y de prestación de servicios entre las partes firmantes; cooperación en materia de educación, medio ambiente, protección de inversiones, cooperación científica y tecnológica, agricultura y pesca, energía, servicios financieros, turismo, lucha contra la droga y blanqueo de dinero.

Las relaciones laborales entre Marruecos y la Unión Europea, particularmente en el caso de España con los trabajadores destinados al cultivo también llamados "temporeros" por su trabajo temporal en ciertas épocas del año, han reflejado la importancia de una regulación y un trato más igualitario en esta materia. Por ello, este acuerdo también recoge disposiciones relativas a los trabajadores indicando en su artículo 64 que los Estados miembros concederán a los trabajadores marroquíes que estén empleados en su territorio, un régimen caracterizado por la ausencia de discriminación, también en materia de Seguridad Social.

Otro de los ámbitos en los que existe una mayor cooperación entre Marruecos y la Unión Europea es la pesca. La Unión Europea tiene competencia exclusiva en materia pesquera y tiene capacidad jurídica para firmar acuerdos comerciales con terceros estados, existiendo una Política Pesquera Común regulada por normas aplicables a todos los estados miembros. Las relaciones en materia pesquera entre la Unión Europea y Marruecos se iniciaron con la adhesión de España en el año 1986, y se elaboraron varios acuerdos entre 1988 y 1995. Esta cooperación se vio interrumpida por parte de Marruecos en el año 1999 alegando una preocupación por sus peces. Tras varios años de interrupción en estas relaciones, se reanudaron en el año 2006 con la firma de un acuerdo de colaboración en el sector pesquero y un protocolo. Posteriormente, tras otra interrupción en las relaciones entre el 2011 y el 2014, en este caso por parte de la Unión Europea por motivos ecológicos, económicos y jurídicos, se adoptó otro protocolo para el periodo 2014-2018. Por último, se firmó un acuerdo de colaboración de pesca sostenible entre la Unión Europea y el reino de Marruecos, aprobado en el año 2019.

El principal conflicto existente en materia pesquera en las relaciones entre la Unión Europea y Marruecos es relativo a las aguas del Sáhara Occidental, puesto que Marruecos, como hemos explicado a lo largo de este trabajo, considera y defiende que el Sáhara Occidental es parte de su territorio, afirmando que las cuestiones relativas a esta zona marítima deben ser acordadas por parte de Marruecos sin necesidad de participación de la población saharaui.

Este conflicto ha hecho que el último acuerdo firmado en el año 2019, y cuya duración era hasta julio de 2023 no haya sido prorrogado, con motivo de una sentencia del Tribunal de Justicia de la Unión Europea en el año 2021 que estimaba un recurso presentado por el Frente Polisario, reivindicando el derecho de los saharauis a ser oídos en este acuerdo, ya que incluía más de un 90% de capturas en espacios marítimos saharauis. En esta sentencia, el tribunal explicó que la Unión Europea debía respetar los intereses del pueblo saharaui, y debía obtener el consentimiento previo del Frente Polisario para la explotación de sus aguas. De esta forma, la jurisprudencia de este tribunal reafirma la Resolución 690 del Consejo de Seguridad de Naciones Unidas[21] en la que se establece que el Sáhara no forma parte de Marruecos, y que actualmente sigue siendo un territorio no autónomo en proceso de descolonización y que, además, reconoce a los habitantes su derecho a la libre determinación. Esta doctrina ya había sido defendida por este tribunal previamente, considerando que los productos agrícolas procedentes del Sáhara deben quedar excluidos del ámbito de aplicación de los acuerdos con Marruecos. Por todo esto, desde el verano de 2023, no se mantiene en vigor el acuerdo entre Marruecos y la Unión Europea, y la organización europea no tiene intención de retomar este acuerdo.

Por otro lado, la cuestión migratoria es uno de los temas que más condicionan las relaciones entre la Unión Europea y Marruecos, principalmente por la externalización de las fronteras de la Unión Europea.

---

21. Resolución 690 del 29 de abril de 1991 sobre la situación del Sáhara Occidental. Consejo de Seguridad de Naciones Unidas. https://documents-dds-ny.un.org/doc/RESOLUTION/GEN/NR0/597/52/PDF/NR059752.pdf?OpenElement

En el presupuesto plurianual que se encuentra en vigor en la Unión Europea y que se extiende desde el año 2021 hasta el 2027, se dedican 26.200 millones de euros en migración y gestión de fronteras[22]. La mayor parte de este presupuesto se dedica a la gestión interna de las fronteras; sin embargo, una gran parte de esta cuantía va destinada al fenómeno de externalización de las fronteras. De acuerdo con el profesor del Valle, cuando se externalizan los controles fronterizos, se produce una carencia de los parámetros necesarios para la aplicación de derechos fundamentales de extranjeros, migrantes y refugiados (Del Valle, 2019:41).

Como he mencionado en el primer capítulo, los estados se mueven en diferentes enfoques en la política intencional. Tanto España como la Unión Europea defienden los derechos humanos y han firmado varios tratados relativos a esta materia, como la Declaración Universal de Derechos Humanos o el Convenio Europeo para la Protección de Derechos Humanos y Libertades Fundamentales, así como tratados relativos a los refugiados, como es la Convención de Ginebra.

Es cierto que, a veces, incluso los estados democráticos vulneran los derechos humanos en las rutas migratorias, pero, por lo general, estos estados tratarán de respetar los derechos fundamentales de las personas y asegurar su protección y el cumplimiento de los tratados en vigor. Sin embargo, los estados en los que se externalizan las fronteras exteriores no respetan con tanto rigor las disposiciones relativas a Derechos Humanos, dando lugar a escenarios de violencia. El ejemplo claro pudimos verlo en la tragedia que tuvo lugar en Melilla el 24 de junio de 2022, cuando unos 1.700 migrantes trataron de cruzar el puesto fronterizo de Melilla, lo que derivó en numerosos heridos y cerca de 23 fallecidos. Es cierto que la situación podía ser insostenible tanto para las autoridades marroquíes como las autoridades españolas, pero la falta de respeto a los derechos humanos y la dignidad de las personas que tuvo lugar en Marruecos, probablemente hubiese sido evitado y se hubiesen utilizado otros medios de disuasión en la zona melillense.

Además, en el Acuerdo firmado en el año 2000 entre la Unión Europea y Marruecos, se hace referencia a la cuestión migratoria en el capítulo destinado al diálogo en el ámbito social, estableciendo que el diálogo entre

---

22. Presupuesto a largo plazo de la Unión Europea. Consejo Europeo y Consejo de la Unión Europea. https://www.consilium.europa.eu/es/policies/eu-long-term-budget/#:~:text=migraci%C3%B3n%20y%20gesti%C3%B3n%20de%20las,82%20500%20millones%20de%20euros.

las partes se centrará en problemas relativos a las condiciones de vida y trabajo de los migrantes, las migraciones y las inmigraciones clandestinas y condiciones de retorno de personas en situación irregular. El fenómeno migratorio define la realidad de la Unión Europea en el siglo XXI, especialmente en los países del sur de Europa, con un aumento considerable de estas migraciones. Por ejemplo, en el caso de las islas Canarias, en lo que va del año 2023 ha recibido más de 30.400 migrantes, y, de acuerdo con los datos de la Organización Internacional de Migraciones (OIM), a lo largo del año 2022 llegaron a Europa 189.620 personas[23]. Es decir, por mucho que la Unión Europea, o en concreto España, traten de frenar esta migración en sus fronteras, es un fenómeno que debemos reconocer que se mantendrá en auge en los próximos años, teniendo en cuenta las situaciones de inestabilidad y falta de oportunidades en los países de origen, así como la población envejecida de la Unión Europea.

Además, en materia migratoria me gustaría mencionar una teoría desarrollada por Vogler y Route, que se denomina teoría de la U invertida que relaciona el nivel de migración con el nivel de desarrollo del país de origen. Esta U invertida explica que cuando los niveles de desarrollo son bajos, las tasas de emigración son bajas, y a medida que los niveles de desarrollo aumentan, las tasas de emigración aumentan, pero a partir de cierto nivel de desarrollo las tasas de emigración vuelven a decrecer. Vogler y Route estudiaron a finales de los 90 el caso de inmigraciones de África y Asia hacia Alemania y, por otro lado, los científicos Faini y Venturini estudiaron entre los 60 y 80 las emigraciones del sur al norte de Europa. En estos casos esta teoría se aplicaba.

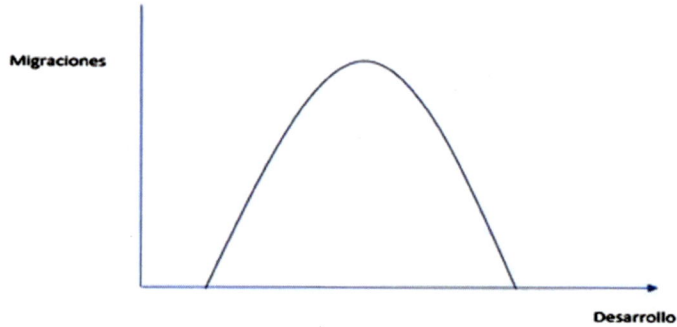

Fuente: Elaboración propia

---

23. International Organization for Migration. UN Migration. Global Data Institute Displacement Tracking Matrix. https://dtm.iom.int/europe/arrivals?type=arrivals

Vogler y Route consideran que:

1) El desarrollo permite acabar con el problema de liquidez, por lo que los ciudadanos de los países de origen tienen cierta liquidez para emigrar, tanto a través de vías legales, como usando vías ilegales, pagando a las conocidas mafias.

2) Los procesos de desarrollo vienen acompañados de períodos de transición demográfica caracterizados por una caída de las tasas de mortalidad y el aumento de la población, que puede derivar en más oportunidades de empleo, pero que también puede ocasionar un mayor desempleo.

Es cierto que esta teoría no tiene en cuenta ciertos elementos, por ejemplo, respecto a la cuestión de la liquidez, a pesar de que en ocasiones es necesario contar con suficiente liquidez para migrar, como es el caso de aquellos migrantes que optan por utilizar embarcaciones como barcos o lanchas; en la mayoría de las ocasiones, sobre todo los más jóvenes, optan por vías gratuitas, aunque extremadamente peligrosas, como las vallas de Ceuta y Melilla. Por último, considero que esta teoría deja de lado otros elementos que pueden condicionar el desarrollo, como es el caso de la fuga de cerebros, problema que se está produciendo en los países del Magreb, que hace que las personas cualificadas se desplacen y no vuelvan, lo que impide que el ciclo de desarrollo continúe.

El listado de Índice de Desarrollo Humano, es un listado elaborado por el Programa de Desarrollo de Naciones Unidas (PNUD), que mide la esperanza de vida, los años de escolarización y el PIB de cada Estado. Marruecos actualmente, se encuentra en la posición 123 de 191 estados en el listado de Índice de Desarrollo Humano, mientras que Alemania está en la posición 9, España está en la posición 27, y Francia en la posición 28. De acuerdo con los datos de la Organización Internacional de Migraciones, en el año 2022 llegaron a Europa 13.187 personas procedentes de Marruecos y 21.753 personas de Egipto, que fue la nacionalidad principal que llegó a Europa y que se encuentra el número 97 en el listado del Índice de Desarrollo Humano. Es decir, podemos afirmar que la teoría de la U invertida también se aplica en el caso de las migraciones que llegan a Europa, y en concreto, en el caso de Marruecos, puesto que no se encuentra a la cola en el índice de desarrollo, si bien, se encuentra casi 100 puestos por debajo de la mayoría de países europeos. Por lo tanto, a pesar de que intentemos reforzar las fronteras exteriores de Europa y dedicar más medios militares o tecnológicos para proteger nuestras fronteras, la solución se encuentra en lograr un mayor desarrollo en los países de origen.

En resumen, la Unión Europea ha mantenido relaciones con Marruecos a través de la firma de importantes tratados, como el Acuerdo de Asociación del año 2000, y manteniendo la cooperación en el ámbito económico y social, así como en materia de migraciones y control de fronteras. Por último, además de estos ámbitos de cooperación, no podemos negar la participación de la Unión Europea como mediador en las relaciones entre España y Marruecos. Desde mi punto de vista, esta "relajación" de las relaciones no se produce porque la Unión Europea actúe como mediador entre ambos estados, sino que considero que la figura de la Unión Europea como institución permite realizar una defensa conjunta de las necesidades e intereses de la Unión, de las que se beneficia y, a veces es protagonista, el Reino de España. Esto permite dejar a un lado a España como figura estatal "enemiga" de Marruecos. Además, la Unión Europea ha buscado mantener buenas relaciones y una cooperación activa con el país vecino, pero a su vez, no ha cedido en sus acciones de política exterior, como es el caso de la soberanía del Sáhara y los tratados de pesca o la declaración emitida por el Parlamento Europeo sancionando la utilización de personas, y en especial, niños, por parte de Marruecos como arma migratoria en Ceuta en 2021.

A continuación, trataremos la cuestión de las relaciones entre España y Marruecos.

5.2. Las relaciones actuales entre España y Marruecos y sus efectos en la Ciudad de Ceuta

Tras la independencia de Marruecos en el año 1956, las relaciones existentes entre España y Marruecos han sido difíciles de calificar. Generalmente, estas relaciones han sido positivas, sin embargo, ha habido varios conflictos diplomáticos que han generado cierta inestabilidad. Si bien, ha habido momentos en los que existía una intención de avanzar con las relaciones entre ambos países, por ejemplo, con la firma del Tratado de Amistad, buena vecindad y cooperación entre España y Marruecos firmado en Rabat el 4 de julio de 1991, y que acordaba la cooperación de ambos estados en materia cultural, jurídica, de educación o laboral.

De nuevo, al igual que ocurría entre la Unión Europea y Marruecos en materia de pesca, una de las cuestiones que más condicionan las relaciones entre España y Marruecos es la cuestión territorial del Sáhara. El primer conflicto tras la independencia de Marruecos, se produjo con la Gran Marcha Verde, que supuso la entrada masiva de personas procedentes de Marruecos sobre el Sáhara Occidental en el año 1975 e incitadas por el que era rey en ese momento, Hassan II, padre del actual rey Mohamed VI. En este momento, el Sáhara aún era una colonia que pertenecía a España y, la forma adecuada de lograr la independencia de este territorio, era a través de la celebración de un referéndum entre su población que permitiera su autodeterminación, siguiendo de este modo las directrices de la ONU, que ya había dictaminado que era una colonia con derecho de autodeterminación[24]. En este momento, nuestro país se encontraba en un momento inestable, porque las tensiones con el Sáhara comenzaron cuando Francisco Franco estaba bastante enfermo. De hecho, el Acuerdo Tripartito de Madrid, firmado entre España, Marruecos y Mauritania para establecer el devenir del Sáhara Occidental, fue firmado el 14 de noviembre de 1975, días antes de la muerte del dictador. Posteriormente, los demás hechos continuaron en pleno proceso de democratización de nuestro país, por lo que fue complicado centrarse en esta cuestión. Para Juan Carlos Domingo Guerra esta jugada supuso una victoria para el Reino de Marruecos, lo que serviría para "conformar la épica identitaria nacional" (Domingo Guerra, 2021:220)

A pesar de que numerosos estados y la propia ONU consideran que España, al haber sido la potencia colonial del Sáhara, es el estado que debe solucionar el problema territorial y convocar referéndum consultivo para su autodeterminación, cuestión que lleva retrasando desde los años 70, España en su política exterior ha ido evitando y alargando esta cuestión. El motivo principal ha sido no empeorar las relaciones con Marruecos.

Sin embargo, la posición del gobierno español se ha visto modificada en la última legislatura. Las actuales tensiones diplomáticas entre Marruecos - España, desde 2019 hasta la actualidad, se vieron empeoradas por la llegada a España de Brahim Ghali, líder del Frente Polisario. La respuesta de Marruecos fue utilizar a su población civil, que desesperada por llevar tantos meses con la frontera con Ceuta cerrada, y sin tener ningún tipo de oportunidad, se abalanzaron sobre la ciudad, poniendo en peligro sus

---

24. Caso Relativo al Sáhara Occidental. Opinión Consultiva del 16 de febrero de 1975. https://www.dipublico.org/cij/doc/61.pdf

vidas, entre los que había numerosos menores. Esta situación provocó una crisis en la ciudad, que tuvo que aumentar todos los medios disponibles para poder dar cobertura a estas personas.

Esto hizo que las relaciones diplomáticas entre ambos países quedasen suspendidas; sin embargo, el 7 de abril de 2022, el presidente del gobierno, Pedro Sánchez, en una declaración conjunta entre España y Marruecos[25] afirmó: *España reconoce la importancia de la cuestión del Sáhara Occidental para Marruecos, así como los esfuerzos serios y creíbles de Marruecos en el marco de las Naciones Unidas para encontrar una solución mutuamente aceptable. En este sentido, España considera la iniciativa de autonomía marroquí, presentada en 2007, como la base más seria, realista y creíble para resolver este diferendo.*

La propuesta del reino de Marruecos se centra en otorgarle un régimen concreto de autonomía al Sáhara Occidental, pero siempre dentro del territorio de Marruecos y bajo su gobierno, a pesar de que el Frente Polisario continúa rechazando esta propuesta porque vulnera su autonomía y autodeterminación. Por lo tanto, según la declaración de Pedro Sánchez, esa es la posición de España en relación con el tema del Sáhara, si bien, no podemos afirmar que sea una postura firme y que se vaya a mantener en los futuros gobiernos del país, puesto que se basa en una declaración realizada de forma unilateral por el actual presidente del gobierno en un escenario de gran inestabilidad en estas relaciones diplomáticas, pero que realmente no ha pasado por ningún tipo de votación o consenso.

La actuación de Marruecos durante esta crisis diplomática nos lleva a plantearnos hasta dónde podrían llegar sus acciones con el objetivo de defender sus intereses, entre los que no solo se encuentran sus pretensiones sobre el Sáhara Occidental, sino que, de acuerdo con el plan del Gran Marruecos, también abarca las Ciudades Autónomas de Ceuta y Melilla. Además, a pesar de que el actual ministro de Exteriores, Manuel Albares, considera que "la nueva hoja de ruta de Marruecos está siendo un éxito"[26], a lo largo de estos años, varias autoridades marroquíes han hecho varias referencias sobre ambas ciudades, alegando su pertenencia a Marruecos, en especial, el actual ministro de Asuntos Exteriores, Nasser Bourita.

25. NUEVA ETAPA DEL PARTENARIADO ENTRE ESPAÑA Y MARRUECOS. DECLARACIÓN CONJUNTA. La Moncloa. https://www.lamoncloa.gob.es/presidente/actividades/Documents/2022/070422-declaracion-conjunta-Espana-Marruecos.pdf
26. El Ministro de Asuntos Exteriores dice que la hoja de ruta con Marruecos "está siendo un éxito y va a continuar".(3 de septiembre de 2023). *Europapress.*

Para poder analizar la actuación de Marruecos en relación con España utilizaremos un concepto utilizado por varios actores que consideran que la actuación de Marruecos se basa en la llamada "zona gris". Josep Baqués y otros autores, escribieron un artículo en el Observatorio de Ceuta y Melilla explicando este concepto y aplicándolo al caso de Marruecos sobre Ceuta y Melilla, que analizaremos a continuación.

El concepto de "zona gris", define un espacio entre dos estados, y se encuentra entre una paz basada en la buena fe y la confianza y entre una auténtica guerra violenta. Esta zona gris, no llega a ser una guerra, pero sí que busca conseguir los fines similares a la guerra, aunque sin llegar a utilizar la violencia, pero utilizando otros medios civiles y militares, armados y no armados, legales e ilegales. Además, los fines que suelen perseguirse con las zonas grises, se basan en cuestiones de territorio, para anexionar o debilitar un Estado, o para forzar cambios de régimen en otro Estado. Por otro lado, otro de los elementos que definen la zona gris es que las acciones realizadas por el Estado que las promueve suelen ser ambiguas, de modo que este pueda justificar desconocimiento de las normas internacionales, o incluso, llegando a pasar desapercibida su participación en estas acciones. Para conseguir pasar inadvertido, los estados pueden usar medios como la población civil o funcionarios que, supuestamente, incumplen las normas del Estado. Por último, normalmente, las zonas grises suelen utilizarse cuando no existe una necesidad inmediata por parte del Estado por lo que pueden desarrollar estas acciones con paciencia estratégica y evitando la escalada militar (Baqués et al, 2021:9-11)

Una vez explicada la definición de este nuevo concepto "zona gris", podemos afirmar, por diversos motivos, que este es el tipo de política que ejerce el Reino de Marruecos sobre Ceuta y Melilla, y es su forma de presionar así al gobierno de España.

En primer lugar, el principal objetivo de Marruecos es que España reconozca su soberanía sobre el Sáhara, y, además, como hemos mencionado, incluso su soberanía sobre las Ciudades Autónomas de Ceuta y Melilla. Para ello, han utilizado mapas y carteles públicos o declaraciones de autoridades marroquíes, que han dado lugar a diversas reacciones por partes de políticos tanto españoles como del ámbito europeo. Realmente, Marruecos no tiene ninguna necesidad con estas reivindicaciones, más allá del sentido simbólico o la reivindicación de su poder internacional; si bien, no habría beneficios económicos o estratégicos para el país, en especial, para la zona norte del mismo.

En segundo lugar, para presionar no ha actuado de forma directa y agresiva sobre el territorio de las Ciudades Autónomas, sino que ha utilizado a civiles y funcionarios, ya que, como vimos en los vídeos que se difundieron en el acontecimiento de mayo de 2021, podíamos ver la permisividad y supuesta incapacidad de los policías marroquíes en la frontera del Tarajal, lo cual podía ser justificado por el gobierno de Marruecos como incumplimiento por su parte, y no como una orden directa.

En tercer lugar, otro de los elementos que definen la zona gris es que el Estado evita la escalada bélica porque la insatisfacción y las consecuencias de una respuesta militar del ofendido, en este caso España, sean desaconsejables. Esto también es aplicable al caso de Marruecos y las tensiones con España. Como he mencionado anteriormente, Marruecos, durante el reinado de Hassan II y también el de su sucesor y actual rey Mohamed VI, ha sido un actor de enfoque realista en sus relaciones internacionales, es decir, su actuación ha sido estratégica a pesar de que crease descontento en su población o en el ámbito internacional.

Uno de los principales aliados de Marruecos siempre ha sido Estados Unidos. Marruecos fue el primer estado que reconoció a Estados Unidos, en el año 1777 y firmaron el primer Tratado de Paz y Amistad entre ellos en 1787. Estas relaciones se han mantenido a lo largo de los años, y, por ejemplo, Donald Trump, reconoció la soberanía de Marruecos sobre el Sáhara[27] en el año 2020, aunque Biden no ha aclarado la posición de su gobierno en este aspecto. Una de las consecuencias de estas relaciones diplomáticas con Estados Unidos, ha sido la mejora de relaciones diplomáticas entre Marruecos e Israel, que derivaron en la firma de los Acuerdos de Abraham, un acuerdo internacional firmado el 15 de septiembre de 2020, entre Emiratos Árabes Unidos, Bahréin y Marruecos con Israel, que consistía en un reconocimiento internacional mutuo entre estos países y una expresión de la voluntad de iniciar relaciones diplomáticas bilaterales entre estos estados.

Como sabemos, Estados Unidos es miembro de la Organización del Tratado del Atlántico Norte, de la cual, Marruecos es aliado preferente no miembro desde 2004. Por lo tanto, y como hemos visto anteriormente, de

---

27. Redacción. (10 de diciembre de 2020). Trump reconoce la soberanía marroquí del Sahara Occidental y anuncia la normalización de relaciones entre Marruecos e Israel. *BBC News Mundo*.https://www.bbc.com/mundo/noticias-internacional-55267560#:~:text=Trump%20convalid%C3%B3%20el%20plan%20de,diplom%C3%A1ticas%20entre%20Marruecos%20e%20Israel.

acuerdo con el artículo 5 del Tratado del Atlántico Norte, Estados Unidos debería participar en caso de un ataque armado sobre territorio español, dejando a un lado las dudas sobre la posible protección de Ceuta y Melilla. Esto nos lleva a pensar que Estados Unidos no estaría de acuerdo con una escalada bélica entre España y Marruecos, por las consecuencias, el descontento y las roturas en las relaciones entre Estados Unidos - España y Estados Unidos - Unión Europea, en caso de que la potencia mundial no rompiera las relaciones con el reino alauita o actuara a favor del mismo. Por lo tanto, a Marruecos realmente no le conviene avanzar en la escalada bélica y llegar a un ataque violento; por el contrario, la figura de la zona gris le permite presionar sobre Ceuta y Melilla y sobre el gobierno central de España, consiguiendo así más cesiones e ir logrando sus objetivos, pero sin llegar a producir el descontento que una guerra podría ocasionar en el ámbito internacional.

Además, para que la zona gris surta efecto, el Estado utiliza un discurso con divulgación necesaria y que sirve de justificación para estas actuaciones. En el caso de Marruecos, utiliza la reivindicación del Gran Marruecos y la pertenencia a Marruecos de las ciudades de Ceuta y Melilla. Como consecuencia de esto, pone en el centro de la estrategia a la población civil, que fue el arma que utilizó Marruecos durante el suceso de mayo de 2021. Por último, trata de presionar económicamente para debilitar el territorio del otro Estado. En el primer informe realizado por el Observatorio de Ceuta y Melilla se explica el proceso de asfixia que poco a poco fue ejerciendo Marruecos sobre la ciudad de Ceuta a lo largo del 2019 e inicios de 2020, previo al cierre de la frontera con motivo del Covid-19. Este proceso dio lugar a distintos efectos en la ciudad de Ceuta y en la frontera entre ambos países, desde largas horas para poder cruzar la frontera o el impedimento de cruzar la frontera a las personas que portaban un "título de viaje" que era un documento que la Delegación del Gobierno de Ceuta aportaba a ciudadanos marroquíes para el tránsito entre ambos países. También se llevaron a cabo retiradas de mercancías y se prohibió el paso de pescado fresco, hasta que se produjo el cierre total de la frontera. Esto afectó económicamente a la ciudad, en términos que no voy a considerar en este trabajo, pero que explican de forma muy concreta y detallada en dicho informe. Desde la ciudad y, en concreto, desde la Consejería de Economía se tomaron diversas medidas para reactivar la actividad comercial, implantando proyectos de base tecnológica y digital.

Por lo tanto, según el escenario actual, podemos considerar improbable que las pretensiones de Marruecos vayan a más y que su actuación derive en un ataque armado a las Ciudades Autónomas de Ceuta y Melilla, si bien, las tensiones se mantendrán y Marruecos continuará utilizando estas herramientas para conseguir sus objetivos o ciertos beneficios procedentes de España o incluso de la Unión Europea.

Si bien, como explica el profesor Alejandro del Valle, España no hizo valer los diferentes tTratados firmados por Marruecos con España y con la Unión Europea, los cuales infringió durante la crisis de mayo de 2021, puesto que no respetó los acuerdos sobre el arreglo pacífico de controversias o el diálogo y la comprensión entre culturas y civilizaciones (Del Valle, 2022). Además, Del Valle considera que, para lograr una solución, España debería dejar de lado su posición reactiva, establecer un plan de acción adecuado y tomar la iniciativa.

En conclusión, en las relaciones entre España y Marruecos existen dos cuestiones que complican su desarrollo, la situación del Sáhara Occidental y las ciudades de Ceuta y Melilla. La cuestión del Sáhara ha incomodado a los gobiernos españoles desde el año 1976, y han tratado de evitar la intervención de una forma activa, principalmente, por no provocar un descontento del reino alauita; sin embargo, esta falta de decisión y el no establecimiento de un rumbo claro y acorde al derecho internacional, ha provocado que Marruecos utilice esta cuestión como arma diplomática contra España.

Por otro lado, respecto a las Ciudades Autónomas de Ceuta y Melilla, su españolidad y su europeidad y la de sus ciudadanos es innegable. Por ello, el gobierno central no debería de permitir cualquier tipo de presión o reivindicación por parte del Reino de Marruecos, activando todos los medios diplomáticos que sean necesarios, cuando la actitud realista de Marruecos, no respete el consenso y los Tratados Internacionales. Además, España debe hacer valer la importancia de estas dos Ciudades para la estabilidad de la Unión Europea, al servir de frontera terrestre de la Unión Europea, de modo que la protección también provenga de la Unión Europea. Ahora bien, para poder tener protagonismo en las instituciones, y para que haya un interés generalizado, y como afirma Juan Carlos Domingo Guerra, la sociedad española no debe dudar ni de la españolidad ceutí ni a la hora de asumir los costes necesarios (Domingo Guerra, 2021:229). Tal como he tratado de reflejar a lo largo de este trabajo, este objetivo solo podrá lograrse con un mayor protagonismo y presencia de Ceuta y de los ceutíes en el ámbito internacional.

6. CONCLUSIONES

Tras exponer los diversos puntos que nos permiten analizar la posición de Ceuta en el ámbito internacional, procederemos a agrupar las conclusiones derivadas de este estudio.

En primer lugar, como hemos visto a lo largo del trabajo, el estudio de Ceuta en el ámbito internacional es tan amplio como necesario. La Ciudad Autónoma de Ceuta plantea numerosas cuestiones particulares e interesantes para este ámbito de estudio, tanto desde un punto de vista económico, por su exención al Espacio Schengen y al TAU de la Unión Europea; como desde un punto de vista geopolítico, por su posición estratégica como frontera terrestre de la Unión Europea o su posición en el estrecho de Gibraltar; también por la riqueza de la multiculturalidad o el estudio de los movimientos migratorios.

El estudio de la ciudad de Ceuta suele centrarse en el ámbito defensivo, desde un enfoque realista de las Relaciones Internacionales. A través de este trabajo, mi objetivo ha sido intentar establecer las bases para que el análisis de la Ciudad de Ceuta vaya más allá, promoviendo la participación de la sociedad, así como el impulso por parte del gobierno de la ciudad fomentando la colaboración con distintas organizaciones y think tanks, que tratan distintos temas de política internacional que pueden ser de interés para la ciudad, y de los que, en ocasiones, somos los protagonistas. Por ello, con este trabajo me gustaría establecer un punto de partida para avanzar en el estudio de las Relaciones Internacionales en la ciudad, con la creación de una organización o think tank que "estudie Ceuta desde Ceuta" y que permita la participación de ciudadanos de todos los ámbitos, y no exclusivamente desde el ámbito militar o estratégico.

En segundo lugar, en relación con la importancia o la presencia de Ceuta en la Unión Europea y en la OTAN, es innegable que debemos reivindicar nuestra presencia y nuestra importancia en la política internacional. Para ello, necesitamos el apoyo del gobierno central de España; si bien, debemos tomar la iniciativa desde la ciudad e impulsar las medidas para defender nuestras necesidades e intereses. Por esto, considero necesario y urgente, primero, la apertura de una Delegación Permanente de Ceuta en Bruselas que cuente con personal formado y especializado que permita el avance de la ciudad, y segundo, conseguir la representación tanto de Ceuta como de Melilla en el Comité de las Regiones, para poder tratar dentro de las instituciones europeas los temas particulares de estas ciudades, como son el desempleo o la migración.

En tercer y último lugar, respecto a las relaciones entre España y Marruecos, incido en la idea de que nos encontramos ante dos actores internacionales que diseñan sus iniciativas en materia de política exterior desde dos enfoques diferentes de las Relaciones Internacionales, como son el liberalismo y el realismo. Estas diferencias derivan en el hecho de que a la hora de analizar y estudiar el comportamiento político y diplomático del Reino de Marruecos, no podamos esperar que respete ciertos valores o principios que para los países democráticos, y sobre todo, aquellos que formamos parte de la Unión Europea, como es el caso de España, están integrados en nuestra política, tanto nacional como internacional.

Es por ello, que a pesar de que la mejora de las relaciones entre España y Marruecos ocupen durante el actual gobierno del país una posición importante en la agenda internacional, con un impulso de las mismas a través del gobierno central, el Reino de Marruecos, continuará siendo un estado que actúe desde un enfoque realista. Es por ello, que continuará defendiendo sus propios intereses, e incluso mantendrá sus deseos expansionistas y la idea del Gran Marruecos.

7. REFERENCIAS BIBLIOGRÁFICAS

Acuerdo Euro Mediterráneo estableciendo una asociación entre las Comunidades Europeas y sus Estados Miembros y el Reino de Marruecos. 18 de marzo de 2000. https://eur-lex.europa.eu/resource.html?uri=cellar:ecefc61a-c8d6-48ba-8070-893cc8f5e81d.0008.02/DOC_1&format=PDF

Amirah Fernández, H., 8 de febrero de 2017. Marruecos vuelve a la Unión Africana entre interrogantes. *Real Instituto ElCano.* https://www.realinstitutoelcano.org/blog/marruecos-vuelve-a-la-union-africana-entre-interrogantes/b

Agencia de la ONU para los Refugiados. *La Unión Africana.* https://www.acnur.org/la-union-africana

Ayuela Azcárate, F.J., 23 de marzo de 2020. Ceuta, Melilla y el paraguas de la OTAN. *Global Strategy Report No 16/2020.* https://global-strategy.org/ceuta-melilla-y-el-paraguas-de-la-otan/

Banco de España, 30 de noviembre de 2020. *Acuerdo Internacional no Normativo.* Departamento de Relaciones Internacionales y Europeas. Unidad de Cooperación Internacional. https://www.bde.es/f/webbde/INF/MenuHorizontal/SobreElBanco/cooperacion/Texto_Mou_internet_final.pdf

Castán Pinos, J., 2014. *La Fortaleza Europea: Schengen, Ceuta y Melilla.* Instituto de Estudios Ceutíes.

Campos,J., 2005. *Ceuta en su laberinto.* Fundación Interservicios.

Campos, J., 2015. *Ceuta, ciudad sin rumbo.* Fundación Interservicios.

Campos, J., 2020. *Ceuta, problemas y soluciones.* Fundación Interservicios.

Cañas, J., Ceuta y Melilla, + España, + Europa. Estrategias para una mayor integración política, institucional y económica de las Ciudades Autónomas de Ceuta y Melilla en la Unión Europea. https://www.docdroid.com/0G0PZwl/ceuta-y-melilla-jordi-canas-mep-pdf

Cátedra de Jean Monnet. Universidad de Cádiz. https://catedra-jean-monnet.uca.es/

Ceuta y otras ciudades interesantes del mundo,15 de mayo de 2022. http://ciceuta.es/

Chandiramani, K.,1 de septiembre de 2020. Ceuta y Melilla o cómo convertir una grave crisis en la mejor de las oportunidades. Observatorio de Ceuta y Melilla. Instituto de Seguridad y Cultura.

https://www.ceuta.es/gobiernodeceuta/images/stories/noticias/2020/SEPTIEMBRE/01/ISC-09_CeutayMelilla_2020_web.pdf

Comité Europeo de las Regiones. https://european-union.europa.eu/institutions-law-budget/institutions-and-bodies/search-all-eu-institutions-and-bodies/european-committee-regions-cor_es

Comité Europeo de las Regiones. Delegación nacional española. https://cor.europa.eu/es/members/Pages/delegation.aspx?country=Spain

Comité Europeo de las Regiones. Informe anual de la Unión Europea de 2023 del Comité Europeo de las Regiones sobre el estado de regiones y ciudades. https://cor.europa.eu/en/engage/brochures/Documents/EU%20Annual%20Report%20on%20the%20State%20of%20Regions%20and%20Cities%202023/4892%20-%202023%20Annual%20Report%20es.pdf

Constitución Española de 1978. https://www.boe.es/eli/es/c/1978/12/27/(1)/con

Cortes Generales. Moción del Senado del 20 de Octubre de 1993. https://www.senado.es/legis5/publicaciones/pdf/senado/ds/PS0008.PDF

Del Valle, A., 13 de julio de 2021. Consolidar a la UE en el área del Estrecho (1): Ceuta, Melilla y Marruecos. *Real Instituto ElCano. https://www.realinstitutoelcano.org/analisis/consolidar-a-la-ue-en-el-area-del-estrecho-1-ceuta-melilla-y-marruecos/*

Del Valle, A., 2007. España-Marruecos: una relación bilateral de alto potencial conflictivo, condicionada por La Unión Europea - Panorama con propuestas. *Revista Electrónica de Estudios Internacionales,* nº14. https://dialnet.unirioja.es/servlet/articulo?codigo=2559789

Del Valle, A., 2022. La Consolidación Europea de Ceuta, Melilla y los otros territorios españoles en el Norte de África. *Observatorio de Ceuta y Melilla.* Instituto de Seguridad y Cultura. https://www.observatorioceutaymelilla.org/wp-content/uploads/2022/06/LA-CONSOLIDACION-EUROPEA-DE-

CEUTA-MELILLA-Y-LOS-OTROS-TERRITORIOS-ESPANOLES-EN-EL-NORTE-DE-AFRICA.pdf

Del Valle, A., 2019. Política exterior española en el Área del Estrecho, Gibraltar, Ceuta y Melilla, Marruecos. *Cursos de Derecho Internacional y Relaciones Internacionales de Vitoria-Gasteiz 2018.* https://rodin.uca.es/handle/10498/21357

Del Valle, A., 2022. Ceuta, Melilla Gibraltar y el Sáhara Occidental. Estrategias españolas y europeas para las ciudades de frontera exterior en África, y los peñones de Vélez y Alhucemas. *Peace & Security – Paix et Sécurité Internationales,* No 10.

Díaz, G., 2007.Aproximaciones metodológicas al estudio de las migraciones internacionales, *UNISCI Discussion Papers,* pag 157-171.

Domingo Guerra, J. C., 2021. La defensa de Ceuta. Consideraciones sobre el sistema de garantías aplicable. *Revista Transfetana, número 8,* 221-241.

Domingo Guerra, J. C., 2021. *Ceuta en la Encrucijada.* Editorial: Instituto de Estudios Ceutíes.

Echart Muñoz, E., 2008. Movimientos sociales y relaciones internacionales. La irrupción de un nuevo actor. *Catarata e Instituto Universitario de Desarrollo y Cooperación.*

El Ministro de Asuntos Exteriores dice que la hoja de ruta con Marruecos "está siendo un éxito y va a continuar", 3 de septiembre de 2023. *Europapress.* https://www.eldiario.es/canariasahora/internacional/ministro-asuntos-exteriores-dice-hoja-ruta-marruecos-exito-continuar_1_10484069.html

EuroMesco Research Dialogue advocacy https://www.euromesco.net/

Fichas temáticas de la Unión Europea. El Comité Europeo de las Regiones. Parlamento Europeo https://www.europarl.europa.eu/factsheets/es/sheet/16/el-comite-de-las-regiones

Fichas temáticas de la Unión Europea. Los socios meridionales. Parlamento Europeo. https://www.europarl.europa.eu/factsheets/es/sheet/173/los-socios-meridionales

Florensa, S., 21 de enero de 2021. Del proceso de Barcelona a la Unión por el Mediterráneo.Un proyecto de futuro compartido. *Revista Idees.* https://revistaidees.cat/es/del-proceso-de-barcelona-a-la-union-por-el-mediterraneo/

García, D., 1997. Ceuta y Melilla en el Ordenamiento Constitucional. *Cuadernos de Estrategia: Dedicado a Ceuta y Melilla en las relaciones con Marruecos,* nº91, pp 37-47.

Groizard, J., 2006. Migraciones y desarrollo: nuevas teorías y evidencia. *Revista de Economía Mundial,* num 14, pag 251-274.

Hablamos de Europa. https://hablamosdeeuropa.es

Historia de la Unión Europea. https://european-union.europa.eu/principles-countries-history/history-eu/1945-59_es

Instituto Europeo del Mediterráneo https://www.iemed.org/?lang=es

Joint Motion for a Resolution on the breach of the UN Convention on the Rights of the Child and the use of minors by the Moroccan authorities in the migratory crisis in Ceuta. Parlamento Europeo. https://www.europarl.europa.eu/doceo/document/RC-9-2021-0349_EN.html

Ley 25/2014 de 27 de noviembre de Tratados y Acuerdos Internacionales. Boletín Oficial del Estado de 28 de noviembre de 2014. https://www.boe.es/eli/es/l/2014/11/27/25/com

Llorente, A., 31 de julio de 2023. ¿Por qué la justicia europea ha anulado el acuerdo de pesca con Marruecos?. *Política Exterior. https://www.politicaexterior.com/por-que-la-justicia-europea-ha-anulado-el-acuerdo-pesca-con-marruecos/*

Los Catorce Puntos de Woodrow Wilson, 1918 https://www.dipublico.org/3669/catorce-puntos-del-presidente-wilson-1918/

Mártinez, F., 20 de mayo de 2021. Marruecos y Estados Unidos, dos siglos y medio de alianzas. *La Vanguardia. https://www.lavanguardia.com/historiayvida/historia-contemporanea/20210520/7468429/marruecos-estados-unidos-dos-siglos-medio-alianzas.html*

Merino, Á., 24 de febrero de 2023. El irredentismo marroquí. La idea del Gran Marruecos. *El Orden Mundial.* https://elordenmundial.com/mapas-y-graficos/mapa-gran-marruecos/

Ministerio de Asuntos Exteriores, Unión Europea y Cooperación. España en la OTAN. https://www.exteriores.gob.es/RepresentacionesPermanentes/otan/es/Organismo/Paginas/Espa%C3%B1a-en-la-OTAN.aspx

Ministerio de Defensa. Grupos Navales Permanentes de la OTAN. https://www.defensa.gob.es/misiones/en_exterior/actuales/listado/otan-snmg.html

Organización Internacional de Migraciones. Flujo migratorio hacia Europa. https://dtm.iom.int/es/europe/arrivals?type=arrivals

Peñas Esteban, F. J., 1997. Liberalismo y relaciones internacionales: la tesis de la paz democrática y sus críticos. *Isegoría*, nº16, 119–140. https://doi.org/10.3989/isegoria.1997.i16.186

Peñas Esteban, F. J., 2005. ¿Es posible una teoría de Relaciones Internacionales?. *Relaciones Internacionales*, (1), 1–32.

Real Instituto ElCano. *40 años de España en la OTAN,* 2022. https://www.realinstitutoelcano.org/especiales/40-anyos-de-espana-en-la-otan/

Real Decreto 260/1986 de 17 de enero, por el que se crea la representación permanente de España ante las Comunidades Europeas. Boletin Oficial del Estado, 13 de febrero de 2002. https://www.boe.es/buscar/act.php?id=BOE-A-1986-3946

Redacción, 23 de septiembre de 2023. Ceuta, en la Asamblea de la Federación Española de Municipios y Provincias. . *Ceuta Actualidad.* https://www.ceutaactualidad.com/articulo/la-ciudad/ceuta-asamblea-federacion-espanola-municipios-provincias-celebrada-madrid/20230923163539178453.html

Redacción El Faro,9 de mayo de 2023.Firmado el protocolo para que Melilla tenga una oficina en la Representación Permanente de España en la UE.. *El Faro de Melilla. https://elfarodemelilla.es/firmado-el-protocolo-para-que-melilla-tenga-una-oficina-en-la-representacion-permanente-de-espana-en-la-ue/*

Representación Permanente de España en la Unión Europea. https://es-ue.org/

Rosales Jaime, J. M., 1995 Hacia un nuevo orden liberal en Europa. Política, sociedad y economía en un escenario de interdependencia. *Revista de estudios políticos,* nº 89, pp. 225-242. ISSN 0048-7694. https://dialnet.unirioja.es/servlet/articulo?codigo=27341

Simón, L. y Arteaga, F., 13 de diciembre de 2021. La OTAN se actualiza: El Concepto Estratégico de Madrid. *Real Instituto ElCano. https://www.realinstitutoelcano.org/analisis/la-otan-se-actualiza-el-concepto-estrategico-de-madrid/*

Tratado del Atlántico Norte. https://www.nato.int/cps/fr/natohq/official_texts_17120.htm?selectedLocale=en

Tratado de Amistad, buena vecindad y cooperación entre España y Marruecos firmado en Rabat el 4 de julio de 1991. Boletín Oficial del Estado del 26 de febrero de 1993, páginas 6311 a 6314. https://www.boe.es/eli/es/ai/1991/07/04/(1)

Varo, L., Peregil, F. y Martín, M., 17 de mayo de 2021. 5000 personas llegan a nado a Ceuta en plena escalada de tensión diplomática con Marruecos. *El País.* https://elpais.com/espana/2021-05-17/un-millar-de-personas-llegan-a-nado-a-ceuta-en-plena-escalada-de-tension-diplomatica-con-marruecos.html

Varo, L., Sevillano, L., y Peregil, F.,3 de julio de 2022. ¿Qué sucedió en la frontera de Melilla? El paso a paso de la tragedia. https://elpais.com/espana/2022-07-03/que-sucedio-en-la-frontera-de-melilla-el-paso-a-paso-de-la-tragedia.html

Versión Consolidada del Tratado de la Unión Europea. https://www.boe.es/doue/2010/083/Z00013-00046.pdf

Zeraoui, Z., 2011. La diplomacia paralela y las relaciones internacionales de las regiones. *Desafíos* 23 I, pp. 59-96. https://www.redalyc.org/pdf/3596/359633169003.pdf

ANEXO

La encuesta fue distribuída en las redes sociales, y fue contestada por un total de 128 personas, entre 20 y 30 años.

El motivo de realizar esta encuesta era conocer el nivel de conocimiento de los ciudadanos, ya sean ceutíes o no, sobre la posición de Ceuta en el ámbito internacional.

Las preguntas fueron las siguientes:

1. ¿Eres de Ceuta?

Posibles respuestas:

Sí

No

Respuestas:

Si: 103

No: 25

2. Indica, por favor, tu rama de estudio o profesión.

En este caso, las personas podían responder con una respuesta corta. Las ramas indicadas han sido muy variadas:

Arte, diseño o similar: 4 personas

Periodismo o audiovisuales: 4 personas

Derecho: 13

Ciencias Sociales:10

Economía/ADE: 12

Funcionarios: 7

Recursos Humanos: 5

Educación: 20

Salud: 22

Ingenierías: 12

Ciencias Ambientales: 1

Autónomos y otros oficios: 6

Militares: 3

Jubilados: 3

Sin profesión: 6

3. ¿Cuándo entró en vigor la adhesión de España en la Unión Europea?

Posibles respuestas:

1978

1986 - Esta es la respuesta correcta

2001

Respuestas:

1978: 14

1986: 96

2001: 18

4. ¿Ceuta cuenta con un Estatuto de Autonomía?

Posibles respuestas:

Sí - Esta es la respuesta correcta

No

Respuestas:

Sí: 109

No: 19

5. ¿Sabes qué es el Comité de las Regiones?

Posibles respuestas:

Sí, una institución dentro de la OTAN

Sí, una institución española, del Ministerio de Hacienda y Función Pública

Sí, es un órgano consultivo de la Unión Europea - Esta es la respuesta correcta.

No

Respuestas:

Sí, una institución dentro de la OTAN: 2

Sí, una institución española, del Ministerio de Hacienda y Función Pública: 3

Sí, es un órgano consultivo de la Unión Europea: 80

No: 13

6. El Comité de las Regiones es una órgano consultivo de la Unión Europea, en la que están representados las regiones y municipios de los Estados Miembros. ¿Crees que Ceuta cuenta con representación en el Comité de las Regiones?

Posibles respuestas:

Sí

No - Esta es la respuesta correcta

Respuestas:

Sí: 34

No: 94

7. Hay algunas Comunidades Autónomas que cuentan con una Delegación Permanente en Bruselas para defender sus intereses, como es el caso de Andalucía o incluso Melilla. ¿Crees que Ceuta cuenta con esta representación?

Posibles respuestas:

Sí

No - Esta es la respuesta correcta

Respuestas:

Sí: 14

No: 144

8. Ceuta actualmente no cuenta con Delegación en Bruselas. ¿Crees que sería necesario?

Posibles respuestas:

Sí

No

Respuestas:

Ceuta actualmente no cuenta con Delegación en Bruselas. ¿Crees que sería necesario?
128 respuestas

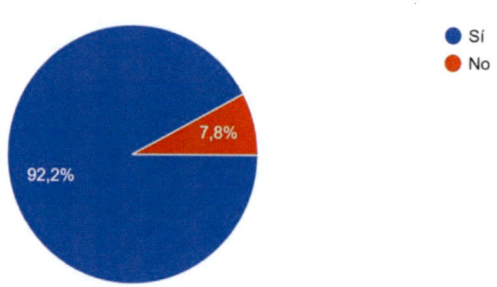

9. ¿Desde que año forma España parte de la Organización del Tratado del Atlántico Norte (OTAN)?

Posibles respuestas:

1985

1978

1982 - Esta es la respuesta correcta

Respuestas:

1985: 45

1978: 8

1982: 75

10. ¿Se hace referencia a Ceuta y Melilla en el Tratado de la OTAN?

Posibles respuestas:

Sí, en su artículo 6

No, en el Tratado de la OTAN no pero sí en el Acuerdo de Adhesión de España

No - Esta es la respuesta correcta

Respuestas:

Sí, en su artículo: 6

No, en el Tratado de la OTAN no pero sí en el Acuerdo de Adhesión de España: 52

No - Esta es la respuesta correcta: 70

11. No, no se hace referencia explícita en este Tratado, lo que ha generado dudas sobre la posible protección de Ceuta y Melilla en caso de ataque armado. ¿Crees que estas ciudades quedarían protegidas por la OTAN?

Posibles respuestas:

Sí

No

Respuestas:

No, no se hace referencia explícita en este Tratado, lo que ha generado dudas sobre la posible protección de Ceuta y Melilla en caso de ataque a...estas ciudades quedarían protegidas por la OTAN?
128 respuestas

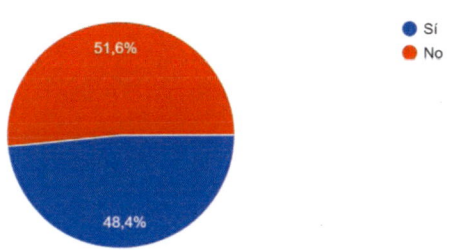

- Sí
- No

51,6%

48,4%

12. ¿Ceuta y Melilla forman parte del Espacio Schengen?

Posibles respuestas:

Sí

No - Esta es la respuesta correcta

Respuestas:

¿Ceuta y Melilla forman parte del Espacio Schengen?
81 de 128 respuestas correctas

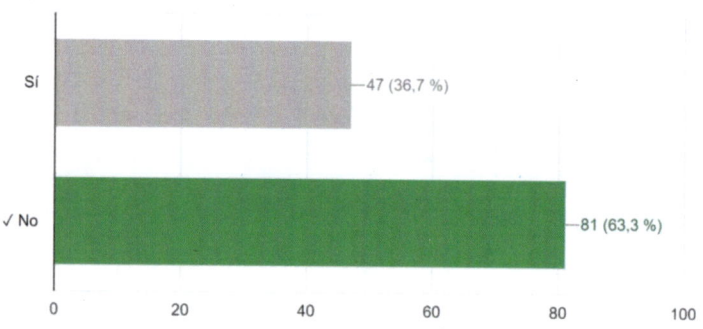

13. Existe un régimen de exención de visados para ciudadanos marroquíes de las ciudades de Tetuán y Nador. ¿Sabes si esta exención sigue vigente en la actualidad?

Posibles respuestas:

Sí, desde siempre

No, desde el Covid esta exención ha quedado suspensa - Esta es la respuesta correcta

Respuestas:

Sí, desde siempre: 33

No, desde el Covid esta exención ha quedado suspensa: 95